墨香财经学术文库

"十二五"辽宁省重点图书出版规划项目

U0674712

The Threshold Effect of the Relationship
between Input and Output
of Chinese Innovation

我国创新投入
与产出关系的门槛效应研究

谢兰云 ◎ 著

东北财经大学出版社
Dongbei University of Finance & Economics Press

大连

图书在版编目（CIP）数据

我国创新投入与产出关系的门槛效应研究 / 谢兰云著. 一大连：东北财经大学出版社，2020.6
（墨香财经学术文库）
ISBN 978-7-5654-3722-9

Ⅰ．我… Ⅱ．谢… Ⅲ．技术革新-投入产出分析-研究-中国 Ⅳ．F124.3

中国版本图书馆CIP数据核字〔2019〕第296211号

东北财经大学出版社出版发行

　　大连市黑石礁尖山街217号　邮政编码　116025
　　网　　址：http：//www.dufep.cn
　　读者信箱：dufep@dufe.edu.cn
大连永盛印业有限公司印刷

幅面尺寸：170mm×240mm　字数：191千字　印张：13.75　插页：1
2020年6月第1版　　　　　2020年6月第1次印刷
责任编辑：时　博　吴　奂　　责任校对：非　比
封面设计：冀贵收　　　　　　版式设计：钟福建
定价：45.00元

教学支持　售后服务　联系电话：(0411) 84710309
版权所有　侵权必究　举报电话：(0411) 84710523
如有印装质量问题，请联系营销部：(0411) 84710711

"东北财经大学'双一流'建设项目
高水平学术专著出版资助计划"资助出版

前 言

改革开放以来，我国经济快速增长，国内生产总值从 1978 年的 3 645.2 亿元增长到 2013 年的 568 845.2 亿元，扣除物价上涨因素，其年平均上涨幅度接近 9.8%，GDP 总量增长了 26 倍之多，已经成为世界第二大经济体。但是联合国开发计划署（UNDP）2001 年的报告指出，中国一直是一个以技术模仿为主的制造业大国，而不是以独立的自主创新能力为特征的制造业强国（卢宁等，2010）。克鲁格曼（Krugman，1994）指出，根本不存在所谓的"东亚奇迹"，东亚国家包括中国在内的经济增长都是依赖要素投入的增加，而不是依靠全要素生产率的增长，因此其经济增长不是技术进步的结果。众多的研究也表明我国的经济增长在很大程度上是依赖投资驱动的，是以大量资源消耗为主的"粗放型"经济增长（柳剑平和程时雄，2011）。林毅夫和苏剑（2007）在总结已有研究结论的基础上指出，改革开放以来中国的经济增长主要是依靠资本要素的增长，其次是全要素生产率的增长，劳动对经济增长的贡献最小，吴延瑞（2008）的研究成果也证明了这个结论。以要素驱动的"粗放型"经济增长模式是以大量资源消耗为代价的，同时我国的资源利用效率非常低，这直接导致我国目前面临的资源匮乏、能源紧缺和环境污染等诸多问题，因此从长期来看，这种"粗放型"经济增长模式不具有可持续性，是不利于经济长期发展的。

内生经济增长理论认为创新是驱动经济长期发展的重要因素，持续不断的研发活动是经济增长的引擎。早在 1988 年，邓小平同志就提出"科学技术是第一生产力"，此后我国政府也多次表达了对创新的重视。《中华人民共和国国民经济和社会发展第十一个五年规划纲要》中明确提出，在保持经济增长速度的同时，更加强调经济增长的质量，高度重视资源节约和环境保护；中共十七大报告中更明确地提出了"转变经济发展方式"的方针，这一方针的提出体现了我国经济发展思路的转变。我国的经济增长方式将从原来"粗放型"经济增长方式向"集约型"经济增长方式转变，即从原来主要依靠增加资源投入实现经济增长的模式转变为主要依靠科技进步、劳动者素质提高、管理创新转变等提高资源利用效率的方式来实现经济增长，最终形成低投入、高产出，低消耗、少排放，能循环、可持续的经济发展模式。《中华人民共和国国民经济和社会发展第十二个五年规划纲要》指出，坚持把科技进步和创新作为加快转变经济发展方式的重要支撑；中共十八大报告指出"科技创新是提高社会生产力和综合国力的战略支撑，必须摆在国家发展全局的核心位置"，要促进科技进步，提高自主创新能力就必须进行相应的研发活动。加大科技研发的投入力度，通过一系列科学合理的、有目的的 R&D（Research and Development，科学研究与试验发展，简称研发）活动促进技术进步，进而促进经济发展，这是我国转变经济增长方式，实现经济可持续发展的必经之路。

但是国内外学者对我国创新投入和经济增长关系的研究结果表明，我国创新投入对经济增长具有积极的促进作用，但是作用效果不明显，并且其对全要素生产率的影响不确定，这可能与我国早期对研发投入较少有直接的关系。在经济发展的过程中，我国政府及企业越来越深入地认识到技术创新对经济增长和企业发展的重要作用，这使得我国研发投入持续、快速地增长。熊彼特在其创新理论中指出，研发投入必须达到一定的规模，并且只有当其与当地其他经济主体相联系的情形下，这种研发投入才有可能产生创新外溢，创新的成果才有可能转化为经济增长（姜怀宇和李铁立，2006）。国际上通常将 R&D 投入占 GDP 的比例称为 R&D 强度，使用这个指标来衡量一个国家或地区对科学创造与创新能力给予的资金支持程度。根据发达国家的经验，一个国家在经济发展初期 R&D 强度一般在 0.5%～0.7% 左右，国际上公认的经济起飞阶段的 R&D 强度为 1.5%（江静，2006）。1987年我国 R&D 经费投入为 74.03 亿元，R&D 强度为 0.61%，2013年 R&D 经费达到 11 846.6 亿元，R&D 强度达到 2.08%，R&D 经费的年均增长速度为 22%，R&D 强度的年均增长速度为 5%，这说明我国研发投入增长很快。我国 R&D 强度 2002 年达到 1.07%，超过了 1%，2008 年为 1.47%，而到了 2009 年迅速越过了 1.5%，达到 1.7%，这表明我国已经经历了从经济发展初期到经济起飞的阶段性变化，这可能意味着我国创新投入无论在规模上，还是在结构上都发生了重大变化。在这种背景下，我国创新投入与产出的关系就有存在阶段性变化的可能性，当我国的创新投入持续增长，积累越来越多，当其越过了某个门槛时，就会导致创新投入与产出之间的关系发生结构性转变，创新投入对产出的作用会发生一个从量变到质变的飞越。但是以往大多数研究都将创新投入与产出的关系置于一个完整的、连续的时间序列中进行，这种研究方法反映的是两者之间关系的平均变化，是无法发现转折点的，也无法确认它们之间是否存在这种所谓的结构性转变。但是近期的一些研究发现我国技术创新与经济增长的关系有可能存在阶段性变化，如赵彦云（2011）等。由于我国 R&D 投入具有指数增长的特征，而且技术创新对经济增长作用的发挥需要知识的积累，因此有理由认为我国研发投入对经济增长的作用有可能具有阶段性变化的类 "S" 形特征。只有全面地了解我国创新投入与产出之间关系的变化规律，才能在新形势下制定出更加符合当前经济发展特点的、能够更好地实现以技术进步促进我国经济增长的科技创新政策，因此对这个问题的研究具有非常重要的理论价值和实际应用价值。

基于以上分析，本书利用 Hansen 的非线性门槛回归模型对我国研发投入与产出之间的关系进行了全面、深入地研究，其内容主要包括以下四个部分：

第一部分：创新投入对经济增长的直接影响。创新投入是进行 R&D 活动的必要条件，大量的 R&D 活动可以促进知识积累，从而使生产者可以在使用相对较少的资本和劳动的前提下得到相同数量的产出，实现技术进步，进而促进经济可持续增长。发达国家和新兴工业化国家（地区）的经济发展经验表明，加大研发投入，提高技术进步水平是促进经济可持续增长的重要途径。本书利用门槛回归模型研究了我国研发投入与经济增长之间是否存在门槛效应，R&D 强度增大是否会使研发投入对经济增长的作用增强，考虑到不同行业进行 R&D 投入的力度不同，不同的产业结构也会影响研发投入对经济增长作用的发挥，本书还从产业结构的角度对这个问题进行了更具体的分析。

第二部分：创新投入对创新产出（知识）的影响。在大多数研究中，都是以专利表示创新产出，创新投入包括 R&D 资本投入和 R&D 人员投入，创新投入的增加有可能促进创新产出的增加，因此这部分主要考察在 R&D 强度逐渐增大的过程中，R&D 资金投入和 R&D 人员投入对专利这一创新产出的影响变化。考虑到在这个过程中我国 R&D 资金投入结构发生了很大的变化，经历了从政府资金主导到企业资金主导的变化过程，为了考察这种资金投入结构的变化是否是引起 R&D 资金投入和人员投入对专利产出影响变化的原因，本书还使用了 R&D 经费中企业经费所占比例这个指标对这一问题进行了更深入地分析。

第三部分：专利产出对我国经济增长的影响。改革开放 30 多年来，我国专利产出增长很快，特别是近几年我国专利申请量的增长速度非常迅速，使得自 2011 年以来我国已经成为世界第一专利大国，这个现象是否与我国 R&D 投入持续不断增加有直接关系，同时是不是 R&D 投入越多，专利增长对经济增长的作用就越大呢？为了解答这些问题，本书首先使用 R&D 强度作为门槛变量对这一问题进行研究。考虑到由于国际上公认发明专利代表了国家或地区的创新能力，在我国增长如此之快的专利申请量中，是否发明专利越多，专利增长对经济增长的作用更大？为此使用了发明专利占专利申请量比例这一指标对此问题进行研究。由于专利申请量仅仅体现了专利的数量，但是如果大量的专利无法进行成果转化，那么这种创新成果就无法形成生产力，也就不会对经济增长发挥多大作用，因此本书在研究中引入了专利转化能力这一指标，不仅从专利数量的角度进行研究，还从专利质量的角度对这一问题进行研究，从而使得对这一问题的研究更加全面、系统。

第四部分：从地区角度对我国 31 个省、自治区、直辖市（未包括台湾省和两个特别行政区）的研发投入与经济增长的关系进行研究。历史文化、地理位置等各方面的原因使得我国各省、自治区、直辖市之间在各方面都存在着很大的差异。大多数文献在研究我国各省份创新投入和产出关系时，都是按照《中国统计年鉴》中的划分，将其划分为东、中、西三个区域，但是这种区域的划分是不合理的，因为即使在同一个区域里，各地区在创新投入和产出方面的差异也是非常大的，所以本书主要从 R&D 强度、人力资本、外商直接投资、对外贸易、政府 R&D 投入占 R&D 经费比例和产业结构等多个角度对我国各省份 R&D 投入对经济增长的作用进行研究，该研究的结果从多角度、更全面地展现了我国各省份在创新等方面的差异，可以为国家针对不同地区制定创新政策时提供相应的实证依据。

通过上述四个部分的相应研究，最终得到如下研究成果：

1. 在对我国 R&D 资本投入增长与经济增长关系进行研究时，分别使用了 R&D 强度、工业占 GDP 比重和第三产业占 GDP 比重三个指标作为门槛变量，研究结果表明我国研发投入与经济增长之间存在着阶段性变化的特征。当 R&D 强度小于第一个门槛 0.732% 时，资本投入增长显著地促进了经济增长，R&D 资本投入增长对经济增长的作用不显著；当 R&D 强度越过第一个门槛后，资本投入增长对经济增长的弹性开始变为显著为负，而 R&D 资本对经济增长的弹性则由不显著变为显著为正；当其越过 0.853% 的第二个门槛时，该弹性从 0.868 提高到 0.899，有逐渐增大的趋势。随着工业占 GDP 比重越过 38.7% 的门槛值，R&D 资本投入增长对经济增长的作用由不显著变为显著为正，其弹性为 0.844，而资本投入增长对经济增长的作用则由不显著变为显著为负。随着第三产业占 GDP 比重越过 34.8% 的门槛值，资本投入增长和 R&D 资本投入增长对经济增长的作用均由显著为正变为不显著。

2. 在对我国科技创新体系中创新投入与产出的关系进行研究时，使用了 R&D 强度和 R&D 经费中企业经费所占比例两个指标作为门槛变量，研究结果表明无论是以 R&D 强度，还是以 R&D 经费中企业经费所占比例为门槛变量，1985—2013 年我国研发投入与专利之间都存在两个门槛，即我国科技创新体系产出机制在样本期内发生了"机制"转变，且两个门槛变量的回归结果是一致的，当 R&D 强度低于 0.661%，或者是 R&D 经费中企业经费所占比例小于 29% 时，专利产出的增长主要依赖于 R&D 人员投入的增长，一旦 R&D 强度越过 0.661%，或者 R&D 经费中企业经费所占比例大于 29% 时，专利产出的增长就转化到主要依赖 R&D 经费投入的阶段，并且随着 R&D 强度越过 1.325%，或者 R&D 经费中企业经费所占比例越过 67%，R&D 经费投入增长对专利增长的作用越来越强。这种"机制"转变的第一个时间点大约在 1989 年左右，第二个时间点大约在 2005 年左右。

3. 在对我国专利所代表的技术创新与经济增长关系进行研究时，使用了发明专利所占比例这个指标作为门槛变量，研究结果表明在样本期内，我国专利增长与经济增长之间的关系具有阶段性变化的特征，两者之间是非线性关系，随着发明专利在专利申请量中所占比例越过 26.8% 的门槛值，专利增长对经济增长的作用由不显著变为显著，因此单纯从专利数量上看，随着发明专利在专利申请量中所占比例的提高，专利增长对经济增长的作用在增强；如果考虑了专利商业化能力，单纯的专利增长无论在哪个阶段对经济增长的作用均不显著，专利商业化能力对经济增长的作用则会随着发明专利在专利申请量中所占比例越过门槛值而减小，可见，在我国经济发展的过程中，模仿创新对经济增长的作用要大于自主创新。但无论从专利数量增长方面，还是专利商业化能力方面，专利增长对经济增长的作用都很小。

4. 使用 Hansen（1999）面板门槛回归模型，从 R&D 强度、FDI、人力资本、政府研发投入比例和第三产业比例五个方面对我国 31 个省、自治区、直辖市 2000—2013 年 R&D 资本投入与经济增长的关系进行了研究，研究结果表明从总体上看 R&D 强度增大将促进 R&D 投入增长对经济增长的影响，但是从具体情况来看，R&D 强度越大，R&D 投入增长对经济增长的弹性越小，即 R&D 规模扩大抑制了 R&D 投入对经济增长的作用发挥；从总体上来看，政府 R&D 投入增长能够促进 R&D 投入增长对经济增长作用的发挥，但是从具体细节来看，政府 R&D 投入比例越高，R&D 投入增长对经济增长的弹性越小；从总体上来看，FDI 投入增长可以促进 R&D 投入增加对经济增长作用的发挥，从具体细节来看，FDI 投入越大，R&D 投入增长对经济增长的弹性也越大；人力资本的增长，可以促进 R&D 投入增长对经济增长作用的发挥，同样第三产业在 GDP 中比例的增大也可以促进 R&D 投入增长对经济增长作用的发挥。

本书是作者主持的国家社会科学基金项目"我国研发投入与产出阈值效应及其非线性关系的实证研究"（项目编号：12BJY013）的研究成果。本书的特点是理论研究和实证分析相结合，利用 Hansen 的门槛回归模型对我国研发投入与产出关系的门槛效应进行了全面的研究，结果表明，经过多年的积累，我国研发投入已经越过了某个门槛，两者之间的关系表现出阶段性变化趋势，我国研发投入与产出的关系已经从早期的线性关系转变为现在的非线性关系。这一研究成果具有重要的理论意义和实践意义。其理论意义主要包括三个方面：第一，确定我国创新投入与产出之间是线性关系，还是由于经济的发展以及各方面因素的变化已经发生了"机制"的转变，变为非线性关系，对这个问题的研究直接关系到今后对相关问题进行研究时是应该继续使用线性模型，还是应该使用非线性模型进行描述，这是进行相关问题研究的前提条件，因此具有非常重要的理论价值；第二，如果我国创新投入与经济增长的关系是非线性关系，那么我国 R&D 投入对产出作用机制发生转变的门槛在哪里，在门槛内外它们的关系发生了怎样的变化；第三，在此基础上以更简洁、更精确的模型反映我国创新投入对产出的作用机制，有助于对这个问题形成更深入、细致的了解，从而丰富和完善相关的创新理论。其实践意义在于能够更准确地研究我国创新投入对产出作用的规律、特点和不同的影响因素在不同阶段对创新投入产出关系影响的变化情况，能够动态、全面地反映这个变化过程，从而为我国未来制定更加有针对性的创新政策提供实证依据，为有效地利用自主创新转变我国经济发展方式做出应有的贡献。

本书的出版得到东北财经大学"双一流"建设项目高水平学术专著出版资助，在此深表感谢。

谢兰云

2020 年 6 月

▌目 录

1　经济增长与创新理论综述

1.1　经济增长理论

1.1.1　古典经济增长理论

1776年出版的亚当·斯密（A.Smith）的著作《国民财富的性质和原因的研究》被认为是古典经济学的起源。斯密在该著作的第一章就提出了"机器的改进及劳动力分工"对于专业性技术发明促进经济增长方式的讨论，他认为一国经济增长的主要动力在于劳动分工、资本积累和技术进步。自其提出经济增长问题以来，经济学界围绕着经济增长及驱动经济增长的因素问题进行的探讨就没有停止过，而且随着各种经济现象和问题的不断出现，这种探讨经久不衰。在古典经济增长理论中，大卫·李嘉图（D.Ricardo）在其1817年出版的著作《政治经济学与赋税原理》中提出了一个认识经济增长的重要概念——报酬递减规律。此外，许多古典经济学家都进行了深入的研究，并著书立说为现代经济增长理论的发展做出了巨大的贡献，如托马斯·马尔萨斯（Thomas Malthus）1798年出版的《人口原理》、弗兰克·拉姆齐（Frank Ramsey）1928年出版的《储蓄的数学理论》、阿林·杨格（Ally Young）1928年出版的《报酬递增和经济进步》、弗兰克·奈特（Frank Knight）1944年出版的《投资的报酬递减》、约瑟夫·熊彼特（Joseph Schumpeler）1934年出版的《经济发展理论》等。

古典经济学理论主要研究经济的长期运行规律，它强调经济自身在自由市场中的运行。20世纪30年代世界范围内的经济危机，凯恩斯（Keynes）经济理论应运而生，该理论主要研究经济的短期运行规律。1936年，凯恩斯的著作《就业、利息和货币通论》的出版标志着经济理论的研究重心从长期经济运行规律转移到了短期经济运行问题上。从总体上来说，凯恩斯经济理论是一种研究经济短期静态均衡运行规律的分析方法。基于凯恩斯经济理论，哈罗德（R.F.Harrod）、多马（E.Domar）分别于1939年和1946年发表了《论动态理论》和《资本扩张、增长率和就业》，他们在凯恩斯的国民收入决定论基础上，分别对凯恩斯经济理论的动态化进行了不同的解释，得出了同样的基本结论，即经济稳定增长条件是相似的。他们的这一基于凯恩斯理论的研究结论被称为哈罗德-多马（Harrod-Domar）经济增长模型。该模型的意义在于其开创了经济增长理论的先河，开辟了研究经济增长长期动态过程的思想方法和分析思路。

哈罗德-多马经济增长模型在生产的技术系数固定、资本和劳动不能互相替代、外生储蓄率、以固定速率增长的劳动供给和不存在资本折旧的假设条件下得出了以下结论：均衡增长率与储蓄率同方向变化；均衡增长率与资本产出比反方向变动；经济长期稳定增长的条件是实际增长率、有保证的增长率、自然增长率的一致。但是，哈罗德-多马模型所描述的要素充分、就业呈稳定状态下的经济增长是很难实现的。因为在该模型中，决定有保证增长率和自然增长率的都是外生参数，要保证它们相等是很难做到的，也就是说，从该经济系统内部是无法进行调控的，这使得其均衡增长路径"像刀刃一样狭窄"。这为今后对经济增长的研究提供了广阔的空间。

1.1.2　新古典经济增长理论

在哈罗德–多马经济增长模型的基础上，索洛（Robert Solow）的《对经济增长理论的一个贡献》（1956）和斯旺（Trevor Swan）的《经济增长和资本积累》（1956）共同奠定了新古典经济增长理论的基础。他们认为经济应该具有完善的自我调整功能，并利用新古典经济理论的生产函数对哈罗德–多马经济增长模型进行了必要的修正，建立了资本系数可变的索洛–斯旺（Solow–Swan）经济增长模型。该模型以新古典经济学为基本假设，即假设存在完全竞争市场结构、厂商行为最大化、不存在外部性、规模报酬不变，每种投入要素都满足边际报酬递减规律，投入要素之间存在着某种正的且平滑的替代弹性，从而避免了哈罗德–多马经济增长模型中存在的"刀刃"现象。新古典经济增长理论的核心是新古典生产函数和资本积累方程，该模型围绕着生产函数和资本积累函数展开，其中生产函数符合柯布–道格拉斯生产函数的形式，如式（1.1）所示：

$$Y = F(K, L) = K^{\alpha}L^{1-\alpha} \tag{1.1}$$

其中 α 为 $0-1$ 之间的数。该生产函数满足规模报酬不变的性质，即如果 K 和 L 都增加一倍，则产出也增加一倍。将生产函数（1.1）以劳动力人均产出 $y=Y/L$ 和劳动力人均资本使用量 $k=K/L$ 来重新表述，其形式如式（1.2）所示：

$$y = k^{\alpha} \tag{1.2}$$

生产函数（1.2）表明，劳动力人均产出随着人均资本的增加而增加，能够驱动产出增长的唯一的力量是资本积累。根据索罗–斯旺的假设，人们将其总收入的一部分以固定的比例 s 进行储蓄，由于折旧的原因，每年资本存量中的一部分也会以固定的比率 δ 消失，则索罗–斯旺经济增长模型中资本积累函数的形式如式（1.3）所示：

$$\dot{K} = sY - \delta K \tag{1.3}$$

即资本存量的变化 $\dot{K}$ 等于总投资 sY 减去生产过程中的资本损耗 δK。以劳动力人均形式表述的资本积累方程为式（1.4）：

$$\dot{k} = sy - (n + \delta)k \tag{1.4}$$

其中 s 为资本投资率即储蓄率，n 为人口增长率或劳动力增长率，δ 为折旧率。公式（1.4）表明，各时期劳动力人均资本的变化取决于三个因素：$\dot{k}$ 随劳动力人均投资 sy 的增加而增加，随劳动力人均资本折旧 δk 的增加而减少，随劳动力人均资本 nk 的增加而减少（如图 1-1 所示）。

人均储蓄、折旧、人口增长

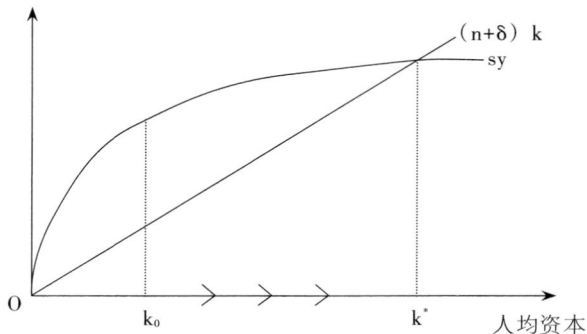

图 1-1　索洛-斯旺经济增长模型

图 1-1 显示经济存在一个稳定状态 k^*。假定经济体的初始人均资本量为 k_0，受资本收益递减规律影响，随着时间的推移，人均资本存量将会在长期渐近趋向 k^*，而人均产出水平将趋向于相应的稳定状态值 $y^* = f(k^*)$。在这个稳定状态的均衡中，产出和资本存量都将持续增长，其增长速度等于人口增长率，从长期来看，由人均产出增长率所引起的经济增长将会停止；除非存在外生的人口增长或者技术进步，否则经济不可能实现持续增长，所以不管各国初始资源禀赋差异有多大，在资本收益递减规律的作用下，各国经济增长率最终将趋同，实现收敛。

为了使索罗-斯旺经济增长模型能够解释经济系统的持续增长，唯一的办法就是引入技术进步因素，它能够不断地抵消边际报酬递减规律对经济增长的抑制效应。引入了技术进步因素 A 的生产函数形式为式（1.5）：

$$Y = F(K, AL) = K^\alpha (AL)^{1-\alpha} \tag{1.5}$$

生产函数（1.5）中的技术变量 A 就是人们通常所说的"劳动增强的技术进步"或"哈罗德中性技术进步"。假定存在着技术进步，且 A 以一个固定比率增长，即式（1.6）：

$$\dot{A}\!\big/\!A = g \tag{1.6}$$

在模型（1.6）中，产出将不再以人口增长率 n 的速度增长，而是以人口增长率 n 加上技术进步的速率 g 的速度增长，这样，随着资本的增长，由资本边际回报递减所带来的产出-资本比率下降的趋势将会不断地被技术进步所抵消。索罗-斯旺经济增长模型为了解释长期经济增长机制，加入了外生的劳动增长率和技术进步率两个因素。但是，该模型并不能解释技术进步率是如何决定的，这意味着经济增长的主要动力在经济增长理论研究的范围之外，影响经济增长率的唯一参数是外生的技术进步率 g。

凯斯（David Cass）的《资本积累问题模型中的最优增长》（1965）和库普曼斯（Tjalling Koopmans）的《论最优经济增长概念》（1965）在拉姆齐（Ramsey，1927）最优储蓄理论的基础上，确定了对应完全竞争的拉姆齐-凯斯-库普曼斯最优经济增长理论的框架，提供了对储蓄率的一种内生决定。但是，储蓄率的内生化并没有消除长期人均经济增长率对外生技术进步的依赖。索罗-斯旺经济增长模型和拉姆齐-凯斯-库普曼斯最优经济增长模型共同构成了新古典经济增长理论的核心内容。

新古典经济增长理论认为，国家财富的变化源于物质资本的积累和技术进步的积累，但是该理论的主要缺陷在于它所描述的经济增长过程缺少一个明确的动力，它一方面认为技术进步是经济增长的决定因素，另一方面又假定技术进步是外生的，从而将其排除在影响经济增长的重要因素之外，它无法说明经济系统是如何内生地决定一个国家经济持续增长的速度的。在经典的"索罗模型"（Solow，1956，1988）中，只要保证资本的积累，所在国家无论其初始的人均收入存在着多大的差异，最终都会趋于收敛。于是，二战后许多国家在经济发展中，都将促进资本积累作为发展经济的首要任务，重工业优先发展战略或进口替代战略成为当时的潮流。为了提升产业结构和技术结构，这些国家或地区高度动员有限的资源，人为地扶持一两个资本密集型产业优先发展。但是，几乎所有实行赶超战略的经济，后来都陷入诸如日益加深的城乡贫困化、旷日持久的高通货膨胀、已有经济结构失调和国有企业效率低下的困境之中（菲利普·阿吉翁等，2004），理论和实践的双重困境使传统的经济增长理论和发展经济学停滞不前，以至于新古典增长理论的奠基者之一，美国著名的经济学家索罗（Solow）悲观地指出，"增长理论正在走下经济学的舞台……，对于各种积极进取的理论家们来说是一个无鱼可捕的池塘"。

1.1.3　内生经济增长理论

20 世纪后期，一部分新兴工业国家和地区的出现，使世界经济格局发生了新的变化，并且随着时间推移，在世界经济发展中出现的两种现象为经济增长理论的发展提供了现实的空间。第一种现象是发达国家和发展中国家的差距不但没有像新古典经济理论所说的逐渐消除，相反还出现了逐渐扩大的趋势；第二种现象是在一些发展中国家内部，从经济的角度看也出现了明显的分化。与此同时，由于分析技术的进步和经济思想的创新，经济增长理论开始走出困境。

阿罗（Arrow，1962）率先将技术内生化思想引入经济增长模型中。他提出技术进步或生产率的提高是生产新资本品过程中的一个附带结果，这种现象被称为"干中学"或"边干边学"（Learning-by-doing）。他认为不仅进行投资的厂商可以通过积累生产经验，提高劳动生产率，其他厂商也可以通过"学习"来提高生产率，即知识具有外溢效应，这种效应导致整个经济生产率的提高。但是，只有当资本-劳动比率固定，而且劳动（但类型特定）固定时，阿罗的"干中学"模型才能够被完全解出。这就意味着长期的经济增长仍然受到外生的劳动增长率的制约，这与索罗-斯旺模型的情况是一样的。

宇泽弘文（Uzawa）在 1965 年的《经济增长总量模式中的最优技术变化》一文中突破了传统单部门经济增长模型的局限，建立了一个包括物质生产部门和人力资本部门的两部门经济增长模型。在宇泽模型中，人力资本生产部门不递减的要素边际收益可以抵消物质生产部门递减的要素边际收益，从而保障经济的持续发展。但是，在该模型中，如果人口或劳动力的自然增长率不大于零的话，技术进步对经济增长的作用就很难发挥，经济同样不可能持续地增长。

随着罗默（Romer）《收益递增与长期增长》（1986）和卢卡斯（Lucas）《论经济发展的机制》（1988）这两篇论文的发表，以罗默和卢卡斯等为代表的一批经济学家，在对新古典经济增长理论进行反思的基础上，发表了一系列以内生经济理论为核心的文献。这些文献将规模报酬递增、不完全竞争和人力资本等因素引入经济增长模型中，对不同国家、不同发展阶段的经济发展绩效差异给出了符合主流经济学分析水平的解释，从而使经济增长理论在理论的严格性和对现实世界的解释力方面前进了一大步。把R&D理论与不完全竞争整合到经济增长理论框架中的工作始于罗默（1986，1990），并且包括了阿洪和霍依特（1992）、格罗斯曼和赫尔普曼（1991）的重要贡献。在这些模型中，技术进步是有目的的R&D活动的结果，而且这种活动以获得某种形式的事后垄断力量作为奖励。但是，由于与新产品及新生产方法创造有关的扭曲原因，增长率和发明活动的基本数量不再是帕累托最优。在这些框架中，长期增长率依赖于政府行动，诸如税收、法律和秩序的维护，基础设施服务的提供和知识产权的保护等。新的研究也包括了技术扩散模型，对技术扩散的研究，属于后进经济在技术进步过程中，如何通过模仿来分享好处。内生经济增长理论认为，一国经济要实现长期增长，就必须克服收益递减规律的限制，实现要素回报递增。该理论将知识和人力资本因素引入经济增长模型中，认为知识（技术）和人力资本的积累，不但可以提高自身的生产率，而且还对其他生产要素产生正外部性，从而使经济增长具有规模报酬递增的特征，使长期经济增长成为可能。因为在内生经济增长理论中，经济长期增长的主要动力来源于知识积累、技术进步和人力资本积累，所以，各国财富的差别主要源于各国在知识、技术和人力资本积累方面的差距。该理论试图说明具有外在性的知识是由经济系统内部产生的，并且是经济增长的源泉。

1.2 内生经济增长的思想

在内生经济增长模型中，资本报酬不再递减，其原因就在于内生经济增长理论的技术内生化特性。该理论认为知识（技术）可以提高投资的收益，具有递增的边际生产率，知识和技术是主要的生产要素，其中，知识内生于厂商利润最大化的投资动力。内生经济增长理论中主要有以下几个重要的模型。

1.2.1 AK 模型

AK 模型是一个不存在资本边际收益递减规律的最简单的模型，它通过假定产出是资本存量的线性函数而放弃了资本边际收益递减的假定，该模型的基本形式为式（1.7）：

$$Y = AK \tag{1.7}$$

其中 A 是表示生产技术水平的正常数。在生产函数（1.7）中，资本的边际收益就等于 A，因为 A 是一个正常数，所以资本的边际收益始终不变。

AK 生产函数（1.7）的人均形式如式（1.8）所示：

$$y = Ak \tag{1.8}$$

将模型（1.8）代入模型（1.4）中，则有式（1.9）：

$$\dot{k} = sAk - (n + \delta)k \tag{1.9}$$

将模型（1.9）两边同时除以 k，则得到人均资本的增长率公式（1.10）：

$$\frac{\dot{k}}{k} = sA - (n + \delta) \tag{1.10}$$

公式（1.10）表明，即使没有技术进步，人均资本也将按照不变的速度持续增长，而不会停止。对人均生产函数（1.8）两边先取对数再求导数，可以得出产出的增长率等于资本的增长率，如式（1.11）所示：

$$\frac{\dot{y}}{y} = sA - (n + \delta) \tag{1.11}$$

公式（1.11）表明，经济增长率对 A 是线性的。结合公式（1.6）可以发现，技术进步增长率 g 的永久性变化，可以使经济增长率得到持续的提高。这个简单的公式（1.11）说明了 AK 模型的一个重要的结论，即经济增长率是投资率的一个增函数。因此，那些能永久提高投资率的政府政策，都会使经济增长率得到不断提高（查尔斯·I.琼斯，2002），但是它没有深入地研究技术进步的内在机制。

1.2.2 卢卡斯的人力资本模型

卢卡斯（Lucas，1988）在宇泽弘文（Uzawa，1965）分析框架的基础上，引入了舒尔茨、贝克尔的人力资本理论，将人力资本因素引入经济增长模型中。该模型人均生产函数的形式如式（1.12）所示：

$$y = Ak^{\alpha}(\mu h)^{1-\alpha} \tag{1.12}$$

其中 μ 为劳动者用在生产上的时间比例，$1-\mu$ 为劳动者用在积累技能上的时间比例，$0 \leqslant \mu \leqslant 1$，h 是人均人力资本。

卢卡斯模型区别了人力资本的内部效应和外部效应。它强调了人力资本的外部效应，即社会劳动力的平均人力资本水平具有核心作用，这种外部效应会从一个人扩展到另一个人，从而会对所有生产要素的生产率都有贡献。进一步来看，这种模式还强调了人力资本投资，尤其是人力资本的外在效应具有递增收益，正是这种源于人力资本外在效应的递增收益，使人力资本成为"增长的发动机"。劳动者在技能积累上花费时间的增加，将会导致人力资本投入增长率的增加，其变化方程为式（1.13）：

$$\dot{h}\big/h = 1 - \mu \tag{1.13}$$

因此，在卢卡斯模型中，经济增长率取决于人力资本的增长率，只要持续地增加劳动者在获取技能上的时间，就会产生人均产出的持续增长。

1.2.3 杨格的有限边干边学增长模式

阿罗（Arrow，1962）在论文中提出了"边干边学"的概念。首先，边干边学是经验的产品，它只发生在解决这些问题的相关生产活动中；其次，重复大体相同问题的边干边学会受到边际收益递减规律的约束。对任何既定的刺激，都存在一个均衡反应形式，学习者趋于重复其行为，因此，为了取得递增的绩效，刺激必须不断增强，而不是不断重复；最后，经验具有递增的生产力。随着经验和知识的积累，单位产品成本随生产总量递减。阿尔文·杨格（Alwyn Young，1992）指出，在一个经济体系中，投入过多的资源用于研究而牺牲边干边学，可能最终会减缓长期的经济增长速度。

杨格在1991年的《边干边学与国际贸易的动态效应》和1993的《发明与有限的边干边学》两篇文章中，修正并扩展了既有的边干边学模式和发明模式，提出了一个有限的边干边学与发明相互依存的"杂交"模式。

在该模式中，杨格强调了实验室中的研究活动与工厂车间中生产经验的相互作用。一方面，任何特定产品生产中的边干边学都是有限的，并将最终耗尽。如果没有新技术进步引入，边干边学不可能持续，因此，持续的边干边学依赖于持续的发明活动；另一方面，耗费成本的发明活动盈利依赖于边干边学，这是由于新技术刚发明时，只能提供有限效用的服务，其生产率的提高，生产成本的下降依赖于生产经验的持续积累。而且，杨格还强调了正是这种边干边学和发明活动的共同作用，决定了经济的长期均衡增长。该模式指出，在发明约束条件下，如果市场的规模太小，发明成本过高，或者偏好过大，那么厂商发明活动的盈利水平将很低，有可能进入零增长状态。在学习约束下，对于较大的市场和较低的发明成本，发明活动会非常有利可图，并会超前于社会的经验学习。有限的边干边学模式最后得出这样的结论，即均衡增长率不仅仅依赖于发明活动的刺激，而且依赖于学习率。此外，市场规模和时间偏好率都会影响均衡增长率的高低。

1.3 创新理论综述

1.3.1 创新

1912年著名的美籍奥地利经济学家熊彼特（J.A.Schunpeter）在其著名的《经济发展理论》一书中提出了"创新"的概念。他指出"创新"就是建立一种新的生产函数，其对经济的影响表现在把一种从未有过的关于生产要素和生产条件的"新组合"引入生产体系。所谓"新组合",包括以下五种情况:一是引进新产品;二是引用新技术;三是开辟新市场;四是控制原材料的新供应来源;五是实现企业的新组织。

此后,学者们纷纷对"创新"做出了各种解释,并把它归结为"科技进步"。在这一过程中,比较有影响力的解释是Schmookler(1966)和Mansfield(1961)的定义。他们认为,所谓科技进步,是指给以同样的投入可以有更多的产出;或用较少的一种或多种投入量得到同样的产出;或者现有产品质量的改进;或者生产出全新的产品。目前,理论界对科技进步内涵的理解归纳起来主要有狭义和广义两种。狭义的科技进步是指自然科学和工程技术的进步;广义的科技进步是指科学发展和技术变革相互促进、相互转化的过程。它主要包括以下五个方面:一是提高技术水平;二是改革生产工艺;三是提高劳动者素质;四是提高管理和决策水平;五是改善经济环境(孟祥云等,1999)。

1.3.2　技术进步与经济增长理论

熊彼特认为,技术创新与经济增长是密不可分的,技术创新的实现过程就是经济增长的过程。在提出"创新"概念和理论的时候,他指出,静态均衡、完全竞争等正统经济学的假设,已经不适用于解释经济发展的规律,经济的本质现象应该是创新而不是均衡。熊彼特指出:"静态的分析不仅不能预测传统的行事方式中的非连续性变化的后果,它还既不能说明这种生产性革命出现,又不能说明伴随它的现象,它只能在变化发生之后去研究新的均衡位置"。创新是经济发展的动力。

经济发展过程是一个各种要素共同作用的、动态的、复杂的系统工程,各种要素的不同组合结果就形成了不同的经济发展阶段。如果经济的增长单纯依赖资本和劳动等生产要素的投入,技术进步所起的作用较小,就是传统的"粗放式"的经济发展模式,这种发展模式短期可能促进经济的增长,但随之而来的资源枯竭、环境污染等一系列问题会使其不具有可持续性;如果在资本和劳动投入的同时,技术进步发挥了很大的作用,劳动生产效率得到提高,相同的资源投入就能得到更多的产出,此时就可能处于具有可持续性的"集约式"经济发展阶段。经济增长的过程是通过经济周期的变动来实现的，经济增长与经济周期是不可分割的，它们共同的起因是企业家的创新活动。企业家从事创新活动的主要目标是为了谋取超额利润。创新引起经济周期变化和经济增长的过程是这样的：创新刺激了投资，从而引起信贷扩张，推动经济产出的增加。这个过程又可分解为三个步骤：企业家为谋取超额利润而从事创新，一批企业为分享这种利益而进行模仿，另一批企业为生存而进行适应，即更大规模的模仿。因此，创新以及由它引起的模仿和适应，共同推动了经济的增长。经济增长过程始终伴随着激烈的竞争，一些适应能力差的企业将被淘汰。因此，经济增长过程又表现为一种创造性破坏过程。

熊彼特创新理论的意义在于：（1）它指出创新或技术进步是经济系统的内生变量，创新过程伴随着大规模的投资；（2）它强调创新、模仿和适应在经济增长中的决定作用；（3）它强调经济增长过程是一种创造性破坏过程（张红芳，2001）。他的这一思想可以从历次产业革命和中外各国经济增长的历程中得以佐证。科林·克拉克在《经济进步的条件》中提出，经济增长是从初级产业占统治地位，到次级产业占统治地位，再到第三级产业占统治地位之间的某一点开始的；罗斯托在《经济成长的阶段》一书中提出，经济增长总是从某个部门进行技术创新开始的，技术创新使该部门降低成本、扩大市场、增加利润、扩大了对其他部门产品的需求，从而带动了地区经济和整个国民经济的增长。从整个经济和科技进步的发展历史来看，经济与科技进步发展的周期是一致的，但是，从时间上看，科技进步的发展波动具有超前性，两者具有高度的相似性。从两者的时间差异上可以看出：经济发展状况主要是科技进步的结果，科技进步对经济增长的作用越来越强。经济学家对 R&D 活动的研究始于熊彼特的创新理论。

综上所述，技术进步是在原有任何一种生产要素的组合下，生产出比没有技术进步时更多的产品，或者说是比以前用更少的生产要素，生产出同样多的产品（刘艳清，2000）。技术进步可以采取不同的形式，英国经济学家希克斯（J.R.Hicks）在其 1932 年出版的《工资理论》一书中指出：按照发明对资本的边际生产力和劳动的边际生产力的影响，可以把技术进步分为节约资本的技术进步、中性技术进步和节约劳动的技术进步三种类型。如果包含技术进步后的劳动边际生产力的提高大于资本边际生产力的提高，则为节约资本的技术进步；如果包含技术进步后的劳动边际生产力的提高小于资本边际生产力的提高，则是节约劳动的技术进步；如果包含技术进步后的资本和劳动的边际替代率不变，表现为既节约了劳动，又节约了资本，则这种技术进步叫作中性或无偏的技术进步。这三种流行的技术进步的定义分别来自希克斯（Hicks，1932）、哈罗德（R.F.Harod，1942）和索洛（R.Solow，1969）。其模型形式分别为：

（1）中立的技术进步（希克斯中性技术进步）：如果对于一个给定的资本/劳动比率，其边际产品的比率保持不变。其生产函数形式如式（1.14）所示：

$$Y = F(K, L, t) = A(t) \cdot F(K, L) = A^{1-\alpha} K^{\alpha} L^{1-\alpha} \tag{1.14}$$

其中 $A(t)$ 是一个技术状态指数，且 $A(t) \geqslant 0$。

（2）劳动增强的技术进步（哈罗德中性技术进步）：如果对于一个给定的资本/产出比率，相对投入份额 $K \cdot F_K / L \cdot F_L$ 保持不变。罗宾逊（1938）和宇泽（1961）证明这个定义的生产函数形式如式（1.15）所示：

$$Y = F[K, L \cdot A(t)] = K^{\alpha} (AL)^{1-\alpha} \tag{1.15}$$

其中 $A(t)$ 是一个技术指数，且 $\dot{A}(t) \geqslant 0$。

（3）资本节约型技术进步（索洛中性技术进步）：如果对于一个给定的劳动/产出比率，相对投入份额 $L \cdot F_L / K \cdot F_K$ 保持不变。其生产函数如式（1.16）所示：

$$Y = F[K \cdot A(t), L] = (AK)^{\alpha} L^{1-\alpha} \tag{1.16}$$

其中 $A(t)$ 是一个技术指数，且 $\dot{A}(t) \geqslant 0$。

1.4 基于R&D的内生经济增长模型

新古典经济增长模型已经强调了技术进步的重要性，认为技术进步是经济增长的引擎，但是，在新古典经济增长模型中，技术进步是外生于经济系统的。以罗默（1990）、阿洪和霍依特（1992）、格罗斯曼和赫尔普曼（1991）为代表的经济学家，在 AK 模型的基础上，进一步提出了较为复杂的基于 R&D 的内生经济增长模型。因为这些模型的基本思想相同，所以他们提出的这些模型被归纳为一类，称为 R&D 模型。

内生经济增长理论中的 R&D 模型可以按照其导致技术创新的不同方式分为两类：一类是水平创新模型，即增加产品种类的 R&D 模型；另一类是垂直创新模型，即改进产品质量的 R&D 模型。内生经济增长模型将 R&D 活动看作企业追求利润最大化而主动进行的经济活动，同时，此类模型对于 R&D 投资的有效性也进行了一些分析。下面以罗默提出的 R&D 模型为代表，介绍这类模型的特点。

罗默（Romer）通过引入期望从其发明中获利的研究人员从事的研究工作，将技术进步内生化。罗默在他 1990 年发表的《内生技术进步》一文中，首先对"知识"产品的特性进行了界定，他指出，"对于经济增长最有意义的情形，也是最能体现技术进步特征的知识产品，一般是非竞争性的，并同时具有一定的排他性"。其次，罗默把知识分成两部分，一部分是人力资本 L（包括致力于最终产品生产的人力资本 LY 和致力于科研与开发的人力资本 L_A），另一部分是实物性知识 A（人脑中知识之外的"客观知识"，如图纸、书本等），A 可以无界限地增长。最后，罗默将社会生产知识的部门分为三个部门，分别是研究部门、中间产品部门和最终产品部门。在此基础上，罗默构造了著名的罗默内生技术进步生产函数。

罗默模型有三个前提条件：第一，技术变化（组合原材料方法的改进）在经济增长中处于核心地位；第二，技术变化在相当大程度上是由于人们对市场刺激引起的、有目的的行动；第三，组合原材料的方法与其他经济产品具有本质的不同。一种新的方法产生出来后，它便可以无成本地重复使用，这可以看作技术产品的独特特征。

罗默内生技术进步模型有两个重要的部分：生产函数和一系列生产要素投入的方程。模型中的主要方程除一个重要的差别外，其他内容都与索洛模型相似。

罗默模型中的总生产函数描述了资本存量 K、劳动力 L 以及创意①的存量 A 与产出 Y 之间的关系。其模型的生产函数形式如式（1.17）所示：

$$Y = K^{\alpha}(AL_Y)^{1-\alpha} \tag{1.17}$$

其中 A 是介于 0 和 1 之间的一个参数，L_Y 为从事生产的劳动力。对于一个给定的技术水平 A，模型（1.17）生产函数中的 K 和 L 的规模报酬不变，如果创意 A 也被视为生产投入要素的话，就存在规模报酬递增的现象。规模报酬递增的原因，从根本上说，源于创意的非竞争性。

资本和劳动的累积方程和索罗模型是完全相同的，如式（1.18）和（1.19）所示：

$$\dot{K} = sY - \delta K \tag{1.18}$$

$$\frac{\dot{L}}{L} = n \tag{1.19}$$

与索罗模型不同的是，该模型是一个描述技术进步内生化的模型，技术进步 A 不再是以一个恒定的速率增长的外生变量，而是内生的。在罗默模型中，A(t) 是知识的存量，或在历史进程中，到时间 t 为止已发明的创意数量。简单地说，在任何给定的时点上，产生新创意的数量就等于从事研发人员的数量 L_A 乘以研发人员的生产率 δ，即式（1.20）：

$$\frac{\dot{A}}{A} = \delta L_A \tag{1.20}$$

劳动力既可以用于从事生产，也可以用于从事发明创意，所以经济系统存在这样的资源约束，如式（1.21）所示：

$$L_A + L_Y = L \tag{1.21}$$

在平衡增长路径上，产出增长率及资本投入增长率和知识增长率都是一样的，增长率可以表示为式（1.22）：

$$g = \frac{\dot{Y}}{Y} = \frac{\dot{K}}{K} = \frac{\dot{A}}{A} = \delta L_A \tag{1.22}$$

在平衡增长状态下，经济增长函数包含了以下含义：（1）当增加研

---

① 琼斯在《经济增长导论》中指出，创意能够改进生产技术。一个好的创意能使给定的一组投入得到更多或更好的产出（从这个意义上可以认为，创意就是技术进步，本书也将其称为知识）。20 世纪 80 年代中期，保罗·罗默把创意和经济增长的关系公式化，即：创意→垄断→报酬递增→不完全竞争。创意有两个特点：其一，创意是非竞争性的。一旦一个创意被提出，任何有相关知识的人都可以利用它；其二，创意为大多数商品所共有，即创意也或多或少地具有排他性。

发人员数量，即增大 L_A 时，知识存量 A 也将随之增加，也就是说存在着正相关关系；（2）原有的知识存量 A 越大，就越容易生产新的知识，即原有知识存量的大小与生产新知识的容易度成正比。Jones（2002）将之定义为"站在巨人肩膀的效应"。

在罗默模型中，生产函数（1.17）和知识生产函数（1.20）共同构成了其 R&D 内生增长模型的核心方程。其中，知识生产函数（1.20）说明了知识的来源问题。在经济增长率函数（1.22）中，经济增长速度只与两个变量有关，一个是产生新知识的速率 δ，另一个是研发人员的数量 L_A。该模型赋予了经济增长动力内生化的意义。

尽管各种 R&D 模型存在着一些差异，但是这类模型的核心特征是一致的，即技术进步或创新是企业有意识进行 R&D 投资的结果；来自创新的垄断利润为企业从事 R&D 活动提供了市场激励；分权经济增长率一般不等于社会最优水平，政府政策具有增长效应等。这些增长模型的主要区别是：在产品种类增加模型中，由于 R&D 活动的正外部性和市场结构的不完全竞争特征，分权经济增长率总是低于社会最优水平的；在产品质量改进模型中，由于新产品具有淘汰原有产品的"创造性破坏效应"（个别企业不考虑这种负外部性），因此，分权经济下的增长率既可能低于，也可能高于社会最优增长率。

这些内生经济增长模型对经济规模与经济增长的关系进行了剖析，为经济政策的制定提供了理论依据。正如阿洪和霍依特（1992）指出的那样：内生经济增长理论具有明显的政策含义，新知识是在已有知识的基础上发展而来的，具有熊彼特理论的特点，该理论强调了知识溢出的外在性特点。而知识需要持续有效的研发活动作保证，R&D 活动通过促进知识积累和推动技术创新来驱动经济增长。在经济发展的过程中，R&D 活动的投入要素已经成为除劳动和资本之外，促进经济发展的越来越重要的第三种主要生产要素。同时，研发活动具有不同于其他生产活动的特点，阿罗（Arrow，1962）指出，信息并不仅仅是发明活动的产出，它还是发明活动的投入，在很多情况下，它是同发明者的才能一样重要的投入。这说明知识的生产或者科技创新存在着一个强大的自我激励机制，其"产出"同时又是其"投入"。研发活动本身促进了技术创新，最终促进经济发展，其创新产出的成果之一——专利的作用在于激励并保障人们的创新和发明，也是推动经济增长的一个重要因素（徐竹青，2004）。研发投入可以通过两条途径来实现对经济增长的促进作用，一是研发投入并没有产生专利，或者由于各种原因虽然产生了专利，但并没有进行专利申请，但是这种成果最终也将通过其他途径作用于经济发展，例如可以通过改进生产设备，或者通过人们在"干中学"中积累的知识提高生产效率等方式促进了经济增长；第二条途径是研发投入产生了专利这样的产出成果，并且专利也成功地进行了商业应用，促进了经济的发展。研发投入作用于经济增长的途径如图1-2所示。

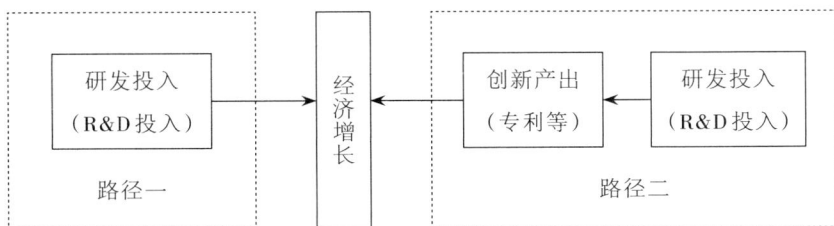

图1-2　研发投入作用于经济增长的途径

在经济系统中，不仅研发投入是经济发展的生产要素，其产出成果也同样是经济发展的生产要素。R&D活动引发的技术创新是决定经济增长质量和实现经济增长质的提高的必要的、决定性的关键因素，是推动经济增长方式由粗放型转变为集约型的最根本的动力。

1.5　R&D概念介绍

R&D（Research and Development）是国际通用的科技术语，译为研究与开发。目前，国际上对R&D的定义主要以联合国教科文组织（UNESCO）和经济合作与发展组织（OECD）的定义为主。

根据联合国教科文组织（UNESCO）的定义，R&D活动是指在科学技术领域，为增加知识的总量（包括人类文化和社会方面的知识），以及运用这些知识去创造新的应用而进行的系统的、创造性的活动，其目的在于丰富有关人类文化和社会的知识库，并利用这些知识进行新的发明（Ashok，1996）。

R&D 活动通常分为三个阶段：基础研究（Basic Research）、应用研究（Applied Research）和实验发展（Experiment Development）。根据联合国教科文组织的定义，基础研究是指"主要目的在于揭示现象和事实的基本原理，并提出检验设想、理论及定律"；应用研究是指"针对某一特定的实际目的或目标进行的工作，并为了获得新知识而进行的独创性研究"；实验发展是指"凭借从研究实际经验中所获得的知识，用它指导生产新的材料、产品的设计、建立新的工艺、系统和技术服务，并且从本质上改善已生产或建立的那些材料、产品和设计"。

OECD（经济合作与发展组织）是最早开展科技统计和科技指标工作的国际组织，在世界科技统计领域处于领先地位。它创建于 1961 年。1963 年，OECD 各国的专家们同意为 R&D 支出做出一个国际定义并编写了《弗拉斯卡蒂手册》①。OECD 对 R&D 活动的定义是：研究和实验开发是在系统研究的基础上从事创造性的工作，为了增加知识总量（其中包括有关人文和社会知识的总量）以及利用这些知识发明新的用途（凯文·布赖恩特，2001）。

OECD 对 R&D 活动三个阶段的定义如下：基础研究是以知识进步为目的的研究，不考虑特定的实际应用；应用研究是以知识进步为目的的研究，考虑特定的实际应用；开发研究是利用基础研究和应用研究的成果，以及引进新材料、装备、产品、系统工程或对现存的东西改良为主的研究。

UNESCO 和 OECD 对于 R&D 的内容和实质定义极为接近，不仅指出了 R&D 活动带有系统性，即较强的目的性和计划性，同时也指出了 R&D 活动还带有另一决定性因素即创新性。R&D 活动的基本特征至少

---

① 《弗拉斯卡蒂手册》，又称《为调查研究与发展（R&D）活动所推荐的标准规范》，是经济合作与发展组织（OECD）于 1964 年出版的。其目的在于规范科技统计，在成员国范围内建立起定期的科技统计调查制度，为成员国政府决策提供咨询。目前，该书已成为一系列"测度科学技术活动"的科技统计系列手册（又称弗拉斯卡蒂丛书）。该系列手册还包括：《技术国际收支手册》（即 TBP 手册）、《技术创新手册》（即奥斯陆手册）、《专利手册》、《科技人才资源手册》（即堪培拉手册）等。这套手册中关于科技投入的主要是《弗拉斯卡蒂手册》和奥斯陆手册。其中，《弗拉斯卡蒂手册》是开展 R&D 活动统计调查的基础，是科技统计和科技指标的范本。该手册系统地论述了 R&D 活动的基本定义和基本准则、统计范围、统计方法、各种分类的详尽说明和统计调查的案例等。OECD 专家们先后进行了 4 次修改和完善，1992 年出版了手册的第 5 版。经过多次修改后的《弗拉斯卡蒂手册》更加科学、严谨，定义和范围更加清晰，操作更加易行。该手册是各国进行 R&D 统计的依据，是科技统计及科技指标体系的第一代手册。

包括四个方面：（1）科学方法的运用；（2）新知识的产生或者新应用的创造；（3）具有新颖性；（4）具有创新性。在这四个基本特征中，R&D活动最重要的决定因素是其创造性和新颖性，其创造性具体表现为新知识的产生或者新应用的创造，在进行所有科学技术活动的过程中运用科学方法是其基本的特点。R&D活动与纯粹文学或艺术创作最大的区别在于系统性因素，而R&D活动能否获得社会的接受或认可则主要取决于其创新性因素。

我国启用R&D这一概念比较晚，大约发生在20世纪80年代后期，而且直到1987年才有公开的R&D统计数据公布，因此我国关于R&D方面数据的完备性较差，这直接导致我国有关R&D活动方面的研究开展得较晚。国内的一些研究最初多是将R&D纳入技术进步与创新框架之下，即把R&D看作技术进步与创新的一个重要方面。我国对R&D活动的定义与UNESCO基本相同①，根据我国权威出版物《中国科学技术指标》的定义，R&D是指为了进行知识创造和知识应用而进行的系统的创造性工作，是人们不断探索发现和应用新知识的连续过程。R&D活动分为三个阶段，分别是基础研究阶段、应用研究阶段和试验与发展阶段。在《中国科技统计年鉴》中，基础研究是指为了获得关于现象和可以观察的事实的基本原理、不以任何专门或特定的应用为目的而进行的研究活动，其成果一般表现为理论形态，以科学论文和科学著作为主要形式，基础研究是探索自然界的物质运动、变化规律的研究，是开发新技术、新产品的理论基础；应用研究是指为获得新的知识，针对某一特定的实际目的而进行的创造性研究，它是为确定基础研究成果的可能用途，或为达到预定目标而采取的原理性新方法或新途径，其成果是某一专门用途的新知识或模型，应用研究是为了某种实用的目的，运用基础研究的成果，开辟新的科学技术途径的研究；试验与发展是指利用从基础研究、应用研究和（或）实际经验获得的现有知识，为生产新产品、新材料、新设备、新装置、建立新工艺、新系统和新的服务或对已有的生产进行实质性改进而进行的系统性工作，其成果形式主要是专利、专

---

① 但是在最近进行的科技活动中，尤其在科技统计方面，我国对R&D活动的定义有逐渐向OECD标准靠拢的倾向。

利技术、产品原型或样机样件等，实验开发是利用研究成果，寻求明确具体的技术突破的研究活动。R&D活动正是由基础研究、应用研究和试验与发展这三个相互影响、相互衔接的阶段共同构成的循环活动，它通过产品制造，生产出新产品，作用于市场，最终促进经济增长。R&D活动过程及其与经济增长的关系（师萍和张蔚虹，2008）如图1-3所示。

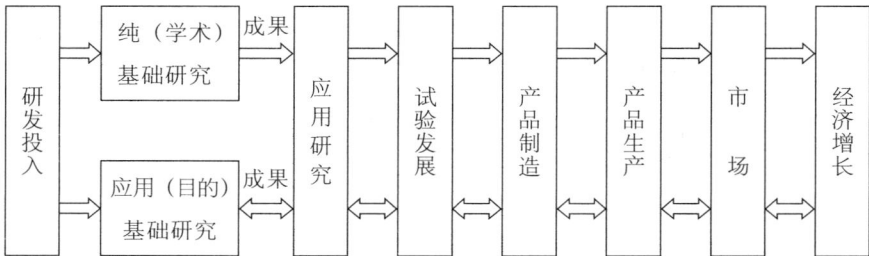

图1-3　R&D活动过程及其与经济增长的关系

2　我国创新投入和产出的发展现状

2.1　我国创新投入的发展现状

2.1.1　我国R&D经费投入的总体情况

我国研发投入的统计工作开展得较晚，20世纪80年代后期才启用了R&D这个概念，1987年才开始有相关的统计数据，但是我国R&D投入增长很快，1987—2013年我国R&D经费投入和R&D强度及其各自的年增长速度如表2-1所示。

从表2-1中的数据可以看出，虽然我国的初始R&D经费数额非常小，1987年仅有74.03亿元，但是其增长速度非常快，平均增长速度达到了21.67%，2013年R&D经费数额达到11 846.6亿元。我国R&D强度的增速也很快，1987年仅为0.61%，2013年达到了2.08%，年平均增长速度为5.05%。图2-1可以更直观、更清楚地看出我国R&D经费投入呈指数化递增的趋势。

表2-1   1987—2013年我国R&D经费投入、

R&D强度及其年增长速度表

年份	数据		增长率（%）	
	R&D经费 （亿元）	R&D强度 （%）	R&D经费	R&D强度
1987	74.03	0.61		
1988	89.50	0.59	20.9	−3.09
1989	112.31	0.66	25.49	11.09
1990	125.43	0.67	11.68	1.66
1991	159.46	0.73	27.13	8.96
1992	198.03	0.74	24.19	0.47
1993	248.01	0.70	25.24	−4.57
1994	306.26	0.64	23.49	−9.47
1995	348.69	0.57	13.85	−9.74
1996	404.48	0.57	16.00	−0.92
1997	509.16	0.64	25.88	13.45
1998	551.12	0.65	8.24	1.28
1999	678.91	0.76	23.19	15.94
2000	895.66	0.90	31.93	19.24
2001	1 042.49	0.95	16.39	5.31
2002	1 287.64	1.07	23.52	12.56
2003	1 539.63	1.13	19.57	5.93
2004	1 966.33	1.23	27.71	8.50

续表

年份	数据		增长率（%）	
	R&D 经费 （亿元）	R&D 强度 （%）	R&D 经费	R&D 强度
2005	2 449.97	1.32	24.6	7.71
2006	3 003.10	1.39	22.58	4.80
2007	3 710.20	1.40	23.55	0.54
2008	4 616.02	1.47	24.41	5.31
2009	5 802.11	1.70	25.70	15.79
2010	7 062.58	1.76	21.72	3.35
2011	8 687.00	1.84	23.00	4.44
2012	10 298.40	1.98	18.55	7.78
2013	11 846.60	2.08	15.03	5.05
平均值			21.67	5.05

数据来源：历年《中国科技统计年鉴》。

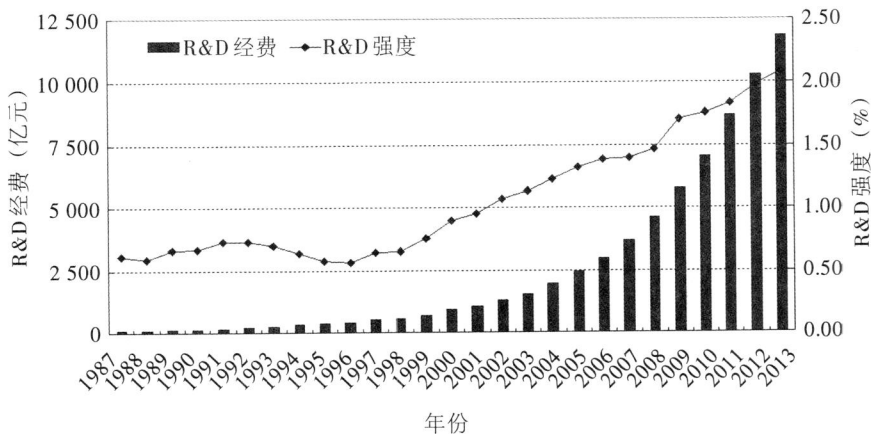

图 2-1 1987—2013 年我国 R&D 经费及 R&D 强度

从图2-1可见，我国R&D经费在1999年之前增速缓慢，1987年的R&D强度为0.61%，到1999年才达到0.76%，1988年、1993年、1994年、1995年和1996年甚至还出现了负增长，这导致R&D强度一直在低位徘徊，而且增长不稳定。这种状态一直到1999年才发生了明显的改变，1999年、2000年、2002年和2009年还实现了两位数的增长速度，使得2013年我国R&D强度达到2.08%，这一阶段R&D经费呈现指数化增长趋势。我国R&D经费增长趋势的变化与我国实施的"科教兴国"战略有着密切的关系，同时也表明我国已经越来越清楚地认识到创新和科技进步对经济增长的重要作用，越来越重视科技研发的投入，正如党的十八大报告指出的，"科技创新是提高社会生产力和综合国力的战略支撑，必须摆在国家发展全局的核心位置"。

2.1.2 我国R&D经费投入与国外对比情况

虽然近几年我国R&D投入增长较快，但是与国际发达国家相比依然存在着明显的差距。表2-2列出了1994—2012年我国R&D强度与部分国家R&D强度的数据。

表2-2数据显示，在1994年当我国的R&D强度只有0.64%，同期世界上发达国家的R&D强度却都已经达到2%以上，说明我国R&D投入起步很低，但是由于我国R&D投入的增速较快，R&D强度的年均增长率达到6.7%，才使我国R&D在2012年达到1.98%，但尚未达到这些发达国家在20年前的R&D强度投入水平，由此可见我国在R&D经费投入方面与世界先进水平相比还存在着很大的差距，相应地我国的知识积累也与发达国家存在很大的差距。图2-2是1994—2012年我国R&D强度与世界部分发达国家R&D强度的对比图，从中可以更清晰地展现这一趋势。

从图2-2中可见，在这7个国家中只有中国和韩国R&D强度增速较快，中国的平均增速为6.7%，韩国的平均增速为3.97%，其他国家R&D强度的变化都不大，虽然韩国R&D强度的增速没有中国快，但是由于其起点较高，当中国1994年R&D强度仅为0.64%时，韩国就已经

表2-2　　1994—2012年我国R&D强度与部分发达国家R&D强度对比表　　　　　　　　　(单位：%)

年份	中国 R&D强度	中国 增长率	美国 R&D强度	美国 增长率	日本 R&D强度	日本 增长率	法国 R&D强度	法国 增长率	德国 R&D强度	德国 增长率	韩国 R&D强度	韩国 增长率
1994	0.64		2.42		2.79		2.32		2.18		2.32	
1995	0.57	-10.94	2.51	3.72	2.92	4.66	2.29	-1.29	2.19	0.46	2.37	2.16
1996	0.57	0.00	2.55	1.59	2.81	-3.77	2.27	-0.87	2.19	0.00	2.42	2.11
1997	0.64	12.28	2.58	1.18	2.87	2.14	2.19	-3.52	2.24	2.28	2.48	2.48
1998	0.65	1.56	2.62	1.55	3.00	4.53	2.14	-2.28	2.27	1.34	2.34	-5.65
1999	0.76	16.92	2.66	1.53	3.02	0.67	2.16	0.93	2.40	5.73	2.25	-3.85
2000	0.90	18.42	2.74	3.01	3.04	0.66	2.15	-0.46	2.45	2.08	2.39	6.22
2001	0.95	5.56	2.76	0.73	3.12	2.63	2.20	2.33	2.46	0.41	2.59	8.37
2002	1.07	12.63	2.66	-3.62	3.17	1.60	2.23	1.36	2.49	1.22	2.53	-2.32
2003	1.13	5.61	2.66	0.00	3.20	0.95	2.17	-2.69	2.52	1.20	2.63	3.95

续表

年份	中国		美国		日本		法国		德国		韩国	
	R&D强度	增长率	R&D强度	增长率	R&D强度	增长率	R&D强度	增长率	R&D强度	增长率	R&D强度	增长率
2004	1.23	8.85	2.59	-2.63	3.17	-0.94	2.15	-0.92	2.49	-1.19	2.85	8.37
2005	1.32	7.32	2.62	1.16	3.32	4.73	2.10	-2.33	2.48	-0.40	2.98	4.56
2006	1.39	5.17	2.64	0.60	3.41	2.68	2.11	0.38	2.54	2.43	3.01	0.98
2007	1.40	0.54	2.70	2.61	3.46	1.53	2.08	-1.18	2.53	-0.34	3.21	6.69
2008	1.47	5.30	2.84	4.97	3.47	0.16	2.12	1.98	2.69	6.23	3.36	4.69
2009	1.70	15.93	2.90	2.03	3.36	-3.16	2.26	6.56	2.82	4.94	3.56	5.96
2010	1.76	3.29	2.83	-2.30	3.26	-2.96	2.25	-0.50	2.82	-0.03	3.74	5.00
2011	1.84	4.55	2.77	-2.12	3.39	4.05	2.25	-0.10	2.88	2.07	4.03	7.77
2012	1.98	7.61	2.79	0.72	3.35	-1.18	2.29	1.78	2.98	3.47	4.36	8.19
平均值		6.70		0.82		1.06		-0.05		1.77		3.97

数据来源:《中国科技统计年鉴 2014》。

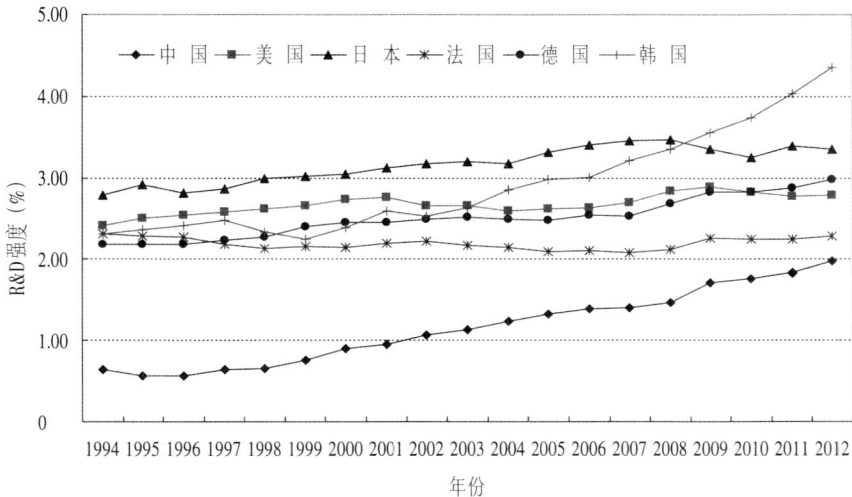

图 2-2　1994—2012 年我国与部分发达国家 R&D 强度对比图

达到了 2.32%，比中国 2013 年的 R&D 强度还要高，这直接促使韩国在众多国家中异军突起。在这 7 个国家中，中国 R&D 强度是最低的，在 2010 年才与英国的 R&D 强度持平，可见中国要想走科技创新，以技术进步促进经济增长的道路还任重道远。

2.1.3　我国 R&D 人员的投入情况

创新投入不仅是 R&D 经费的投入，还包括 R&D 人员的投入。衡量 R&D 人员投入的指标有很多，常见的有科技活动人员数、科学家与工程师数、R&D 人员全时当量等。由于 R&D 人员全时当量是指全社会中 R&D 活动人员中报告年度实际从事 R&D 活动的时间占制度工作时间 90% 以上（含 90%）的人员数量，可以更有效准确地衡量参与 R&D 活动的科技人员数量，因此在此被用来衡量创新人员的投入。表 2-3 为 1992—2013 年我国 R&D 人员全时当量情况。

从表 2-3 的数据可以看出，1992—2013 年我国 R&D 人员全时当量呈现逐年增长的状态，但是其增长率变化较大，这一情况在图 2-3 中体现得更加明显。

表2-3   1992—2013年我国R&D人员全时当量数据表

年份	R&D人员全时当量（万人年）	增长率（%）	年份	R&D人员全时当量（万人年）	增长率（%）
1992	67.43	—	2003	109.48	5.77%
1993	69.78	3.48%	2004	115.26	5.28%
1994	78.32	12.24%	2005	136.48	18.41%
1995	75.17	−4.02%	2006	150.25	10.09%
1996	80.40	6.96%	2007	173.62	15.56%
1997	83.12	3.38%	2008	196.54	13.20%
1998	75.52	−9.14%	2009	229.13	16.58%
1999	82.17	8.81%	2010	255.38	11.46%
2000	92.21	12.22%	2011	288.29	12.89%
2001	95.65	3.73%	2012	324.68	12.62%
2002	103.51	8.22%	2013	353.28	8.81%

数据来源：根据各年《中国科技统计年鉴》整理得到。

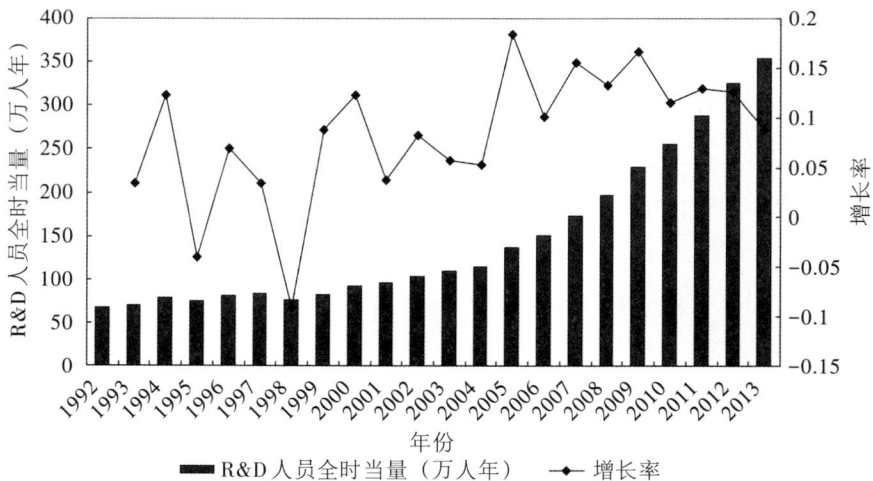

图2-3 1992—2013年我国R&D人员全时当量变化图

图2-3清楚地显示了1992—2013年我国R&D人员全时当量呈现增长的趋势，虽然其增长率一直处于不断波动的状态，但是2000年以后其增长率都是大于零的，而且2005—2012年这个增长率都达到了两位数，这使得从绝对值来看，2000年以后我国R&D人员全时当量呈现出了指数化的增长态势。

2.2 我国R&D经费来源结构分析

目前我国R&D经费的来源主要包括国家财政拨款、企业自筹资金、金融机构贷款和其他来源等几部分，其中政府资金和企业资金是R&D经费的主要来源。1991—2013年我国政府经费和企业经费在R&D经费中所占比例情况见表2-4。

表2-4　　　　1991—2013年我国政府经费和企业经费在R&D

经费中所占比例情况　　　　（单位：%）

年份	政府经费		企业经费	
	所占比例	增长率	所占比例	增长率
1991	29.60	—	28.48	—
1992	28.70	-3.02	29.17	2.42
1993	25.96	-9.55	27.49	-5.74
1994	27.65	6.50	29.71	8.05
1995	25.84	-6.55	31.71	6.74
1996	26.07	0.91	29.98	-5.44
1997	26.22	0.56	29.48	-1.69
1998	27.43	4.62	31.21	5.86
1999	32.38	18.06	34.94	11.96
2000	25.29	-21.92	55.24	58.12

续表

年份	政府经费		企业经费	
	所占比例	增长率	所占比例	增长率
2001	25.35	0.25	56.32	1.95
2002	26.42	4.22	57.07	1.33
2003	24.26	−8.16	59.37	4.02
2004	22.77	−6.16	64.03	7.85
2005	23.10	1.47	65.52	2.33
2006	22.07	−4.46	66.28	1.15
2007	22.14	0.30	67.44	1.75
2008	20.85	−5.84	69.82	3.54
2009	23.41	12.30	71.74	2.75
2010	24.02	2.60	71.69	−0.08
2011	21.68	−9.75	73.91	3.10
2012	21.57	−0.49	74.04	0.18
2013	21.11	−2.14	74.60	0.76
平均值	24.95	−1.19	52.14	5.04

数据来源：根据各年《中国科技统计年鉴》整理得到。

由表 2-4 所示，1991—1998 年我国 R&D 经费中政府经费所占的比例相对比较平衡，1999 年对其来说是一个转折点，1999 年之后我国政府经费在 R&D 经费中所占比例出现了下降的趋势，而与此同时，企业经费在 R&D 经费中所占比例开始快速增长，其所占比例从 1999 年的 34.94% 上升到 2013 年的 74.6%，其年平均增长速度达到 5.04%，而政府经费在 R&D 经费中所占比例的年增长率为-1.19%，可见从总体上来看，我国政府 R&D 经费的投入是下降的，从图 2-4 可以更清楚地看出这一变化。

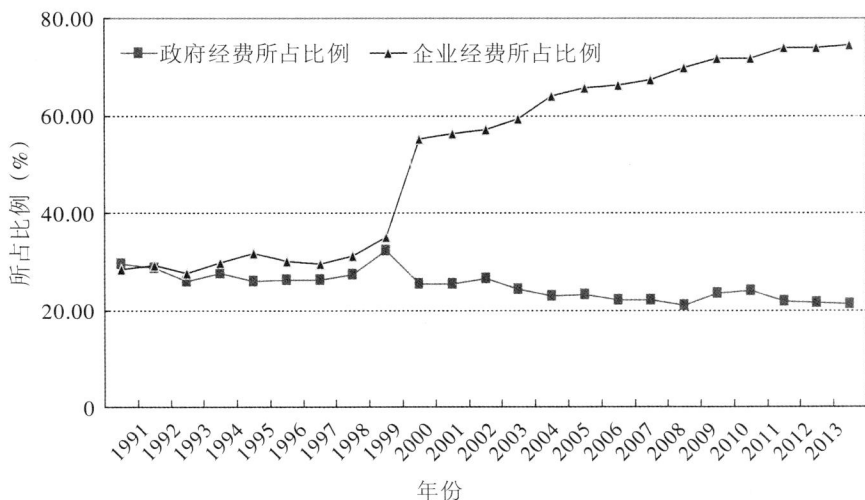

图 2-4　1991—2013 年我国 R&D 经费中政府与企业经费所占比例的变化图

　　图 2-4 显示 1999 年是一个分水岭，此前政府经费和企业经费所占比例基本相当，且变化不大，但是 1999 年之后两者拉开差距，企业经费所占比例快速攀升，而政府经费所占比例出现了小幅下降。究其原因，一方面是我国自 20 世纪 90 年代末提出了"科教兴国"的发展战略，并实施了一系列相关的科技创新政策，如在税收方面实行了各种减免措施，鼓励企业进行研发活动，这些政策激活了企业进行研发活动的积极性，特别是非国有企业 R&D 活动规模逐年快速增长，高新技术产业的迅速崛起推动了企业 R&D 经费投入的增加；另一方面这种变化也是与国家科技体制改革分不开的，1998 年底国务院决定对国家所属 242 个科研院所进行转制，2000 年 588 个此类转制机构的 R&D 经费共 27 亿元，这部分机构转制使企业 R&D 经费占全国 R&D 经费的比例由 57% 提高到 60%（童光荣等，2004）。

　　根据政府 R&D 投入和企业 R&D 投入比例的不同，R&D 经费的来源结构被分为政府主导型（政府投入所占比例大于 50%）、政府企业双主导型（政府、企业的投资比例相当，均在 45%~55% 之间）和企业主导型（企业投入所占比例大于 50%）三种模式（莫燕等，2003）。从我国 R&D 经费的来源来看，改革开放初期，我国科技经费主要来源于政府的科技拨款，可以算作政府主导型，20 世纪 90 年代之后我国政府经费和企业经费在 R&D 经费中所占比例相当，但始终没有达到政府企业双主导型的要求（政府、企业经费比例均在 45%~50%），2000 年后我国进入企业主导型阶段，企业经费所占比例超过了 50%。但是，我国政府 R&D 经费的投入比例一直徘徊在 25% 左右，在任何一个阶段都没有达到标准的要求，由此可见我国政府 R&D 经费的投入相对不足，这可能直接导致我国基础研究的薄弱。

从我国企业 R&D 经费投入后所带来的企业主营业务收入来看，我国企业 R&D 的活动却并不令人感到乐观，表 2-5 为我国规模以上工业企业 R&D 经费内部支出额与其在企业主营业务收入中所占比例的部分数据。

表 2-5　　　　我国规模以上工业企业 R&D 经费及其与

企业主营业务收入的比例

年份	2000	2004	2008	2009	2011	2012	2013
R&D 经费内部支出（亿元）	489.7	1 104.5	3 073.1	3 775.7	5 993.8	7 200.6	8 318.4
R&D 经费内部支出与主营业务收入比（%）	0.58	0.56	0.61	0.69	0.71	0.77	0.80

数据来源：《中国科技统计年鉴 2014》。

由表 2-5 可见我国规模以上工业企业 R&D 经费占其企业主营业务收入的比例虽然在逐年提高，但这一比例一直低于 1%，而在国际上有一个定性研究的结论，即对 R&D 投入主体的企业来说，研发经费支出占销售收入的比例小于 1%，企业则难以生存；2% 可以勉强维持；5% 以上才有竞争力（师萍和许治，2007），由此可见我国企业 R&D 经费的投入在其企业主营业务收入中的比例依然很低，我国企业要发展核心竞争力，就必须在创新上下功夫，就必须加大 R&D 活动，增加 R&D 经费的投入。

由于 R&D 产品具有公共产品的性质。Arrow（1962）认为所谓研究开发，就是生产技术性知识或者信息的活动，但是由于信息生产者不可能把由生产带来的利益完全归为已有，由此信息具有公共商品的性质，这将导致投入信息生产的研究开发费用的减少。美国的一项宏观经济研究评论认为，R&D 开支的私人收益率平均在 20%~30% 之间，社会回报率约为 50%（Salter，2001），即 R&D 活动存在很强的溢出效应（Spillover）。Mansfield（1981）、Cohen 和 Levin（1989，1990）、Griliches（1979，1984，1992）、Mohnen（1989，1992）、Hall（1995）、Griliches 和 Mairesse（1995）以及 Wolff & 和 adiri（1980），Nadiri（1993）等的研究都证明了 R&D 活动溢出效应的存在，R&D 的社会报酬率是私人报酬率的几倍，支持了 Arrow 提出的理论。企业做投资决策的出发点都是基于投资回报率的，如果投资者不能独占创新收益，即使这种投资再有利于社会发展，企业对于这种投资也是缺乏动力的，同时由于 R&D 活动中存在很大的风险和不确定性，企业在风险偏好已知的情况下，根据经济学理性人的假设，企业一定会选择投资短期、低风险的研发项目，而不会选择高风险的研发项目，从而导致在完全市场经济体制下 R&D 活动市场是失效的，即企业对研发活动的投入可能低于社会理想投资水平，此时就需要政府进行必要的干预。政府对 R&D 投资市场进行干预的方式一般有三种（许治和吴辉凡，2006）：

（1）政府通过资助公共基础领域的研究直接进行 R&D 活动，这些公共 R&D 部门主要包括高等院校和政府科研机构。

（2）政府可以将 R&D 经费委托给企业，让其利用政府资金从事 R&D 活动，从而达到政府资助企业进行 R&D 活动的目的。OECD（1964）指出，政府对企业 R&D 活动的资助方式可分为两种：一种是政府采购，R&D 的成果属于接受者，并不一定是执行者；另一种是政府以补贴的形式提供给 R&D 执行者，成果属于 R&D 执行者。

（3）政府可以利用税收政策工具来影响企业的 R&D 投入。税收政策主要有两类：税收减免（也称直接优惠，是指在一定时期的税收减征、免征或实行低税率）和税收鼓励（也称间接优惠，主要是对影响税基的不同要素规定不同的政策，如采用抵免、R&D 费用的加计扣除或税收抵免、加速折旧、特种专项准备金的提取等，从而达到鼓励投资的目的）。

　　由此可见，政府的R&D投入在R&D市场上具有其他投资主体所不具备的重要性。根据发达国家的惯例，发达国家一般将政府财政R&D支出视为一种刺激经济的手段，往往呈现出逆周期的特征，经济不景气时，加大政府财政R&D支出，依靠财政R&D支出乘数刺激经济更快增长，而经济过热时则反之（师萍、张蔚虹，2008）。但是我国的政府财政R&D支出却并没有呈现出这样的规律，表2-6为1991—2013年我国政府R&D强度（政府R&D经费占国内生产总值的比例）和企业R&D强度（企业R&D经费占国内生产总值的比例）及其增长率。

表2-6　　　　　　　　1991—2013年我国政府R&D强度和

企业R&D强度及其增长率

年份	国内生产总值（亿元）	政府R&D强度	政府R&D强度增长率	企业R&D强度	企业R&D强度增长率
1991	21 781.5	0.58	—	0.56	—
1992	26 923.5	0.59	2.40	0.60	8.15
1993	35 333.9	0.50	−16.47	0.53	−12.95
1994	48 197.9	0.45	−8.81	0.49	−7.49
1995	60 793.7	0.41	−9.61	0.50	3.25
1996	71 176.6	0.38	−6.59	0.44	−12.46
1997	78 973.0	0.39	2.69	0.44	0.39
1998	84 402.3	0.42	6.82	0.48	8.10
1999	89 677.1	0.53	25.83	0.57	19.33
2000	99 214.6	0.60	13.39	1.31	129.63
2001	109 655.2	0.60	0.08	1.33	1.79
2002	120 332.7	0.65	7.76	1.39	4.77
2003	135 822.8	0.62	−4.20	1.51	8.51
2004	159 878.3	0.62	−0.25	1.73	14.65
2005	184 937.4	0.66	6.42	1.86	7.32

续表

年份	国内生产总值（亿元）	政府 R&D 强度	政府 R&D 强度增长率	企业 R&D 强度	企业 R&D 强度增长率
2006	216 314.4	0.63	−3.60	1.90	2.06
2007	265 810.3	0.64	1.36	1.95	2.83
2008	314 045.4	0.61	−5.50	2.03	3.90
2009	340 902.8	0.40	−34.21	1.22	−39.80
2010	401 512.8	0.42	6.03	1.26	3.27
2011	473 104.0	0.40	−5.79	1.36	7.62
2012	519 470.1	0.43	7.44	1.47	8.16
2013	568 845.2	0.44	2.80	1.55	5.84
平均值		0.52	−0.55	1.15	7.58

数据来源：历年《中国科技统计年鉴》。

由表 2-6 可见，我国政府 R&D 强度 1992—1997 年一直处于下降通道中，1998 年才开始出现上升趋势，此后一直处于波动状态，在 2005 年到达最高点 0.66% 后又开始下降，其年均增长率为负，也就是说虽然由于我国国内生产总值增长较快，导致我国政府 R&D 投入从绝对值上看一直处于不断上涨的态势，但是从相对值上来看，我国政府 R&D 实质上是在不断减少的。图 2-5 为 1991—2013 年我国政府 R&D 强度和企业 R&D 强度的变化图。

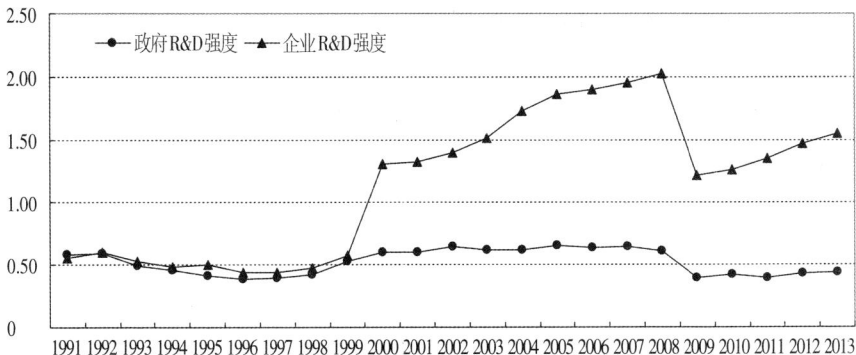

图 2-5　1991—2013 年我国政府 R&D 强度和企业 R&D 强度的变化图

从图 2-5 可见，我国政府 R&D 强度和企业 R&D 强度的变化是同步的，只是变化幅度不同而已。1999 年之前两者保持同步波动，而且比例基本持平，1999 年政府 R&D 强度出现了小幅增长，从 1998 年的 0.42% 上涨到 1999 年的 0.53%，增长率达到 25.83%，此时企业的 R&D 强度也从 1998 年的 0.48% 上涨到 1999 年的 0.57%，涨幅为 19.33%，此后虽然政府 R&D 强度变化不是太大，但是企业 R&D 强度却就此开启了大幅上涨的趋势，至 2008 年达到 2.03%，2009 年政府 R&D 强度从 2008 年的 0.61% 下降到 0.4%，下降幅度达到 34.21%，与此同时企业的 R&D 强度也从 2.03% 下降到 1.22%，下降幅度达到 39.8%；2010 年后政府 R&D 强度有小幅上涨，但变化幅度不大，此时企业 R&D 强度也出现上涨，但变化幅度也不大。

由此可见，我国政府 R&D 强度与发达国家一样，对企业 R&D 强度具有乘数刺激作用，政府 R&D 强度上涨，企业 R&D 强度就会以更大的幅度上涨，政府 R&D 强度下降，企业 R&D 强度也会以更大的幅度下降。但是与发达国家不同的是，在我国经济低迷的时候，如 1997 年东南亚金融危机和 2008 年全球经济危机期间，我国政府 R&D 强度并没有通过上涨来刺激企业 R&D 强度的上涨，促进技术创新，而是通过大量的政府基础建设投资来刺激经济，最终使企业错过了技术创新的良机，却引发了大量产能过剩的出现，给我国经济的后续发展带来了很大的隐患。

2.3 我国 R&D 经费投入类型分析

R&D 活动通常分为：基础研究（Basic Research）、应用研究（Applied Research）和试验发展（Experiment Development）三个阶段。1987—2013 年我国基础研究、应用研究和试验发展经费的相关数据见表 2-7。

由表 2-7 可见我国基础研究已经从 1987 年的 6.09% 下降到了 2013 年的 4.68%，应用研究也从 1987 年的 24.49% 下降到了 2013 年的 10.71%，在此期间试验发展的比例却从 1987 年的 69.42% 上升到了 2013

表2-7　　　　1987—2013年我国基础研究、应用研究和

试验发展经费的相关数据

年份	所占比例（%）			相对比例		
	基础研究	应用研究	试验发展	基础研究	应用研究	试验发展
1987	6.09	24.49	69.42	1.00	4.02	11.40
1988	5.81	27.43	66.76	1.00	4.72	11.49
1989	5.16	23.98	70.86	1.00	4.65	13.73
1990	7.30	28.50	64.20	1.00	3.90	8.79
1991	4.66	24.36	70.97	1.00	5.23	15.23
1992	4.51	25.36	70.13	1.00	5.62	15.55
1993	4.79	25.77	69.44	1.00	5.38	14.50
1994	5.52	27.30	67.18	1.00	4.95	12.17
1995	5.19	26.38	68.43	1.00	5.08	13.18
1996	4.99	24.50	70.49	1.00	4.91	14.11
1997	5.38	26.02	68.60	1.00	4.84	12.75
1998	5.26	22.61	72.13	1.00	4.30	13.71
1999	4.99	22.33	72.69	1.00	4.47	14.56
2000	5.21	16.96	77.82	1.00	3.25	14.93
2001	5.33	17.74	76.93	1.00	3.33	14.42
2002	5.73	19.16	75.11	1.00	3.34	13.11
2003	5.70	20.23	74.08	1.00	3.55	13.00
2004	5.96	20.37	73.68	1.00	3.42	12.36
2005	5.36	17.69	76.95	1.00	3.30	14.37
2006	5.19	16.80	78.01	1.00	3.24	15.04

年份	所占比例（%）			相对比例		
	基础研究	应用研究	试验发展	基础研究	应用研究	试验发展
2007	4.70	13.28	82.01	1.00	2.82	17.44
2008	4.78	12.46	82.76	1.00	2.61	17.30
2009	4.56	12.49	82.77	1.00	2.74	18.14
2010	4.59	12.66	82.75	1.00	2.75	18.01
2011	4.74	11.84	83.42	1.00	2.50	17.60
2012	4.84	11.28	83.87	1.00	2.33	17.32
2013	4.68	10.71	84.60	1.00	2.29	18.06
平均值	5.22	20.10	74.67	1.00	3.83	14.53

数据来源：根据历年《中国科技统计年鉴》的数据进行整理计算得到。

年的84.6%。如果将基础研究设定为1进行相对比例研究，则可以发现我国R&D经费在基础研究、应用研究和试验发展三种类型研究上的比例从1987年的1∶4.02∶11.4变化为2000年的1∶3.25∶14.93，至2013年这一比例变化为1∶2.29∶18.06，这说明我国R&D经费已经越来越集中到了试验发展上。

美国R&D经费的分配结构近三十年来基本上稳定在1∶1.6~1.7∶4.8~5范围内，其他发达国家如日本、英国、法国R&D经费的分配结构也与美国大致相同。相比发达国家R&D经费的分配结构，我国R&D经费在基础研究和应用研究上的投入严重不足。20世纪90年代以来，在发达国家的研发经费中，三种类型的研发经费投入占总经费的比例大致为：基础研究13%~19%，应用研究20%~25%，试验开发40%~70%（杨洵和师萍，2006）。而我国1987—2013年基础研究的平均比例为5.22%，应用研究为20.1%，试验发展为74.67%，这种投入的不平衡是非常明显的。产生这种现象的原因是与这三种类型的研发活动的特点和我国R&D经费的投入来源密切相关的。

基础研究一般与商业目标无关，并且投资金额大，投资周期长，风险较大，其成果主要以科学论文和科学著作等形式出现，一般很难通过申请专利等形式获得排他性知识产权，这导致其公共产品的特性非常明显。应用研究的成果主要以科学论文、专著、原理性模型或者发明专利为主，主要是为基础研究成果确定可能的用途的，相对于基础研究来说，其研究成果具有部分公共产品的特性，投资额、投资周期和风险等方面都较基础研究要小；而试验发展则可以通过把基础研究、应用研究获得的成果转化为可实施的计划，直接产生新产品、新材料、新装备、新工艺和新服务等，且其成果可以通过申请专利获得排他性知识产权，其公共产品的性质最小，最重要的是它可直接产生经济效益。根据前一节的分析，我国在 2000 年就已经进入企业主导的 R&D 经费投入模式，企业作为一个经济主体，其行为符合理性人的假设，其以利润最大化为目标，因此从企业自身的利益出发，它是不会做"为他人做嫁衣"的事情的，因此企业有最大的动力将 R&D 经费投入试验发展上，也会部分投入应用研究上，但其不会进行基础研究投入的，这直接导致了 2000 年之后我国 R&D 在试验发展上投入的比例快速上升；基础研究的投入就只能依赖于政府的 R&D 投入了，但是我国政府 R&D 投入的比例却在不断降低，这直接导致基础研究和应用研究投入不足。不同类型的 R&D 活动对知识生产和经济增长的影响是不同的，陈钰芬、黄娟和王洪刊（2013）的研究就指出，现阶段我国缺乏基础研究和应用研究的重大创新成果，其对全要素生产率的影响较小；严成樑、龚六堂（2013）的研究成果则表明基础研究对我国经济增长具有显著的促进作用，基础研究支出占 R&D 总支出的比例提高 1%，经济增长率可以上升 0.056%，基础研究比例越高，经济增长率就越高，而应用研究和试验发展对我国经济增长的影响不显著。基础研究和应用研究主要是扩大科学技术知识，试验发展并不增加科学技术知识，而是利用或综合已有知识创造新的应用（《科技统计实用手册》，2008），因此虽然基础研究成果不能直接转化为生产力，但是其却可以产生基本技术促进应用研究和试验发展的研究，进而对我国经济增长产生间接的促进作用。基础研究、应用研究是人类文明进步的动力，是科技与经济发展的源泉，是技术进步的先导。表2-8为基础研究、应用研究和试验发展经费占R&D经费比例的国际对比表。

表2-8 基础研究、应用研究和试验发展经费占
R&D经费比例的国际对比表

国家	中国	意大利	日本	韩国	美国	英国	俄罗斯
年份	2013	2011	2011	2011	2012	2011	2012
基础研究	4.7	24.0	12.9	18.1	16.5	14.9	16.5
应用研究	10.7	49.0	22.0	20.3	19.2	48.2	19.7
试验发展	84.6	26.9	65.1	61.7	64.3	37.0	63.7

数据来源：《中国科技统计年鉴2014》。

从表2-8可见，大多数发达国家基础研究在R&D经费中所占比例在15%~20%之间，相对较低的日本也达到了12.9%，韩国达到18.1%，而意大利则为24.0%，而我国的这一比例却始终在5%左右徘徊，这直接影响到我国科技兴国战略的实施，使我国缺乏足够的知识储备，最终将影响我国经济的可持续发展。我国政府已经意识到了加强基础研究对经济发展的重要性，在《国家中长期科学和技术发展规划纲要（2006—2020年）》中指出，加强基础研究是提高我国原始性创新能力、积累智力资本的重要途径，是跻身世界科技强国的必要条件，是建设创新型国家的根本动力和源泉，但实施效果欠佳。

通过综合我国R&D经费的投入情况，可以总结出我国R&D经费投入的特点是R&D经费增长速度较快，但是由于其基数较小，导致其总量与经济发达国家相比依然较低，R&D强度的增长速度也很快，但是依然与经济发达国家存在很大的差距。在R&D经费来源方面我国政府研发经费的投入比例严重不足，没有发挥对企业R&D经费投入的引导作用，同时也没有发挥好对企业R&D经费的互补作用，对R&D市场的失灵现象没有发挥应用的调整作用，这导致我国基础研究严重不足，在技术方面缺乏必要的知识储备，使我国经济发展缺乏可持续的发展动力，这种现象长期维持下去，对我国经济发展模式的转型是非常不利的，必须引起有关部门的重视。

2.4 我国创新产出发展现状

创新的产出成果有很多，主要包括专利、论文、技术市场成交合同额、新产品开发及生产等。其中专利是专利权的简称，是指专利权人对发明创造享有的专利权，即国家按照法律规定在一定时期内授予发明创造者或者其权利继受者独占使用其发明创造的权利，其本质是一种知识产权。专利权具有排他性、区域性和时间性，它与科技发展密切相关，是 R&D 活动和技术创新活动的重要产出形式，在相当程度上表明该技术领域新产品开发和市场竞争的趋势。专利又分为专利申请量和专利授权量两种，其中专利申请量是指专利机构受理的专利数量，而专利授权量是指由专利机构对专利申请无异议或经审查异议不成立的，作出授予专利权决定，并发给专利证书，将有关事项予以登记和公告的专利数。专利申请量反映了技术创新活动是否活跃，以及发明人是否有谋求专利保护的积极性，而专利授权量则反映了自有知识产权的拥有量，以及和市场竞争的能力与潜力。1986—2013 年我国国内外专利申请量、专利授权量和技术市场成交额的相关数据见表 2-9。

表 2-9　　　1986—2013 年国内外专利申请量、专利授权量和

技术市场成交额数据表

年份	国内外专利申请量（件）	增长率（%）	国内外专利授权量（件）	增长率（%）	技术市场成交额（亿元）	增长率（%）
1986	18 509	—	3 024	—		—
1987	26 077	40.89	6 811	125.23		—
1988	34 011	30.43	11 947	75.41	72	—
1989	32 905	−3.25	17 129	43.37	81	13.14
1990	41 469	26.03	22 588	31.87	75	−7.81
1991	50 040	20.67	24 616	8.98	95	26.23

续表

年份	国内外专利申请量（件）	增长率（%）	国内外专利授权量（件）	增长率（%）	技术市场成交额（亿元）	增长率（%）
1992	67 135	34.16	31 475	27.86	142	49.37
1993	77 276	15.11	62 127	97.39	208	46.61
1994	77 735	0.59	43 297	−30.31	229	10.26
1995	83 045	6.83	45 064	4.08	268	17.21
1996	102 735	23.71	43 780	−2.85	300	11.89
1997	114 208	11.17	50 992	16.47	351	17.06
1998	121 989	6.81	67 889	33.14	436	24.02
1999	134 239	10.04	100 156	47.53	523	20.01
2000	170 682	27.15	105 345	5.18	651	24.44
2001	203 573	19.27	114 251	8.45	783	20.27
2002	252 631	24.10	132 399	15.88	884	12.97
2003	308 487	22.11	182 226	37.63	1 085	22.68
2004	353 807	14.69	190 238	4.40	1 334	23.02
2005	476 264	34.61	214 003	12.49	1 551	16.26
2006	573 178	20.35	268 002	25.23	1 818	17.20
2007	693 917	21.06	351 782	31.26	2 227	22.46
2008	828 328	19.37	411 982	17.11	2 665	19.70
2009	976 686	17.91	581 992	41.27	3 039	14.02
2010	1 222 286	25.15	814 825	40.01	3 907	28.55
2011	1 633 347	33.63	960 513	17.88	4 764	21.94
2012	2 050 649	25.55	1 255 138	30.67	6 437	35.13
2013	2 377 061	15.92	1 313 000	4.61	7 469	16.03

数据来源：《新中国60年统计资料汇编》和《中国科技统计年鉴2014》。

表2-9的数据显示，1986—2013年我国专利申请量和专利授权量都呈增长态势，但是1999年之前这种增长非常缓慢，而自1999年起我国专利申请量始终保持着两位数的增长率，使得专利申请量呈指数化的增长态势，2011年我国专利申请量首次超越美国成为世界第一专利申请国。相应地，我国专利授权量也呈现出同样的增长趋势。我国技术市场成交额的增长非常快，基本呈现指数化增长，其平均增长率达到21%，图2-6更清晰地表明了这些变化。

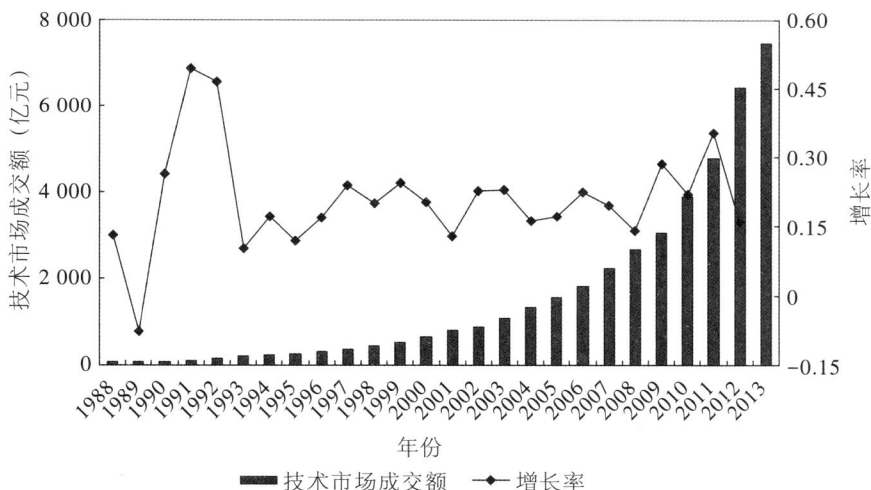

图2-6　1988—2013年我国技术市场成交额变化图

图2-6显示，1994年之前我国技术市场成交额增长率的波动比较大，此后基本处于平稳的波动状态，而这种增长率始终保持在两位数，从而使得我国技术市场成交额增长迅速，这说明我国的技术市场还是比较活跃的。

总体来看，无论是从专利申请量、专利授权量，还是从术市场成交额来看，我国创新产出的增长都是非常快速的。

3 我国资本存量及R&D资本存量的计算

由于资本和R&D资本对经济增长的作用是一个长期积累的过程，因此在进行相关实证研究过程中会区分资本存量和R&D资本存量，而这两个数据在统计年鉴中只有流量数据，需要对其进行计算，其计算过程又相对比较复杂，因此本章专门对资本存量和R&D资本存量进行计算，为后续研究做准备。在实证研究过程中，全国数据的样本区间为1978—2013年，各省份数据的样本区间为2000—2013年。为了消除价格变化对数据的影响，本书对相关数据都进行了平减处理。在进行相关价格处理时，全国数据以1978年的不变价格为基期，各省份数据以2000年的不变价格为基期。以下所用数据均来源于《中国统计年鉴》、《中国科技统计年鉴》和中经网统计数据库（http://db.cei.gov.cn），不再另做说明。

3.1 全国固定资本存量的计算

戈登史密斯（Goldsmith）在1951年开创的永续盘存法是测算资本

存量的基本方法，现有文献对资本存量的计算，基本上都是在永续盘存法的基础上进行的，本研究也采用这一方法对资本存量进行测算。该方法进行测算的基本公式为式（3.1）：

$$K_t = I_t / P_t + (1 - \delta_t) K_{t-1} \tag{3.1}$$

其中 K_t 为第 t 年的实际资本存量，K_{t-1} 为 t-1 年的实际资本存量，P_t 为固定资产投资价格指数，I_t 为第 t 年的名义投资，δ_t 为第 t 年的固定资产折旧率。

3.1.1 基年资本存量的计算

本研究的时间序列数据始于1978年，因此需要确定1978年的资本存量。目前，对1978年资本存量的计算结果主要有如下内容：张军、施少华（2003）在进行中国资本存量的计算中，1952—1990年的资本数据直接引用了贺菊煌（1992）的测算结果，1991—1998年的资本数据是在此基础上，根据各年的全社会固定资产投资总额推算的，其计算的1978年的资本存量为24 501亿元（按1990年不变价格计算）；郭庆旺、贾俊雪（2004）测算的1978年我国的资本存量为3 837亿元（按1978年不变价格计算）；张军、章元（2003）计算的1978年我国的资本存量为12 361.96亿元（按1952年不变价格计算）等。在此本书采用张军按1990年不变价格计算的结果，即1978年我国固定资本存量为12 361.96亿元，然后利用固定资产投资价格指数，将其换算为以1978年为不变价格计算的数据，其值等于13 243.78亿元。

3.1.2 对当年固定资产投资的选取

现有文献对当年固定资产投资的选取方法主要有三种：第一种是采用所谓"积累"（Accumulation）[①]的概念及其相应的统计口径，如张军扩（1991），邹（Chow，1993），贺菊煌（1992），以及沿用贺菊煌（1992）方法的张军（2002）以及张军和章元（2003）都采用了这一方

[①] 积累总额的定义是：在一年之内，国民收入使用额中用于社会扩大再生产和非生产性建设以及增加社会生产性和非生产性储备的总额。其物质形态为一年内物质生产部门和非物质生产部门新增加的固定资产（扣除固定资产磨损价值）和流动资产。积累总额也可分为固定资产积累和流动资产积累两部分（《国民收入统计资料汇编：1949—1985》）。

法；第二种是采用全社会固定资本投资（Total Social Fixed Asset Investment），如王小鲁等（2000）；第三种是大部分近期研究采用的资本形成总额（Gross Capital Formation）或固定资本形成总额（Gross Fixed Capital Formation）。本书采用固定资本形成总额，其原因在于侯亚非（2000）认为：由于我国有关资本流动的来源和使用范围极不规范，统计口径不一致，无法得到完整的投资统计资料，所以用固定资本代表总资本；并且，Young（2000）认为：发展中国家国民经济核算中"存货增加"数据，是为了平衡生产法和支出法各自计算结果之间的巨大差异的，往往是一个捏造的误差项；同时，《新中国五十年统计资料汇编》和《中国国内生产总值核算历史资料（1952—1995）》中公布了较为完整的固定资本形成总额及其指数数据。因此，本研究认为固定资本形成总额是衡量当年固定资产投资I的合理指标。

3.1.3 固定资产折旧率的选取

在固定资产折旧率的选取上，帕金斯（Perkins，1998）、胡永泰（1998）、王小鲁（2000）以及王和姚（Wang and Yao，2001）、郭庆旺、贾俊雪（2004）均假定固定资产折旧率为5%；杨格（Young，2000）则假定6%的折旧率，这也是霍尔和琼斯（Hall and Jones，1999）在研究127个国家资本存量时采用的通用折旧率；龚六堂和谢丹阳（2004）对全国各省都假定了10%的折旧率；宋海岩等（2003）则假定各省每年的折旧率为全国折旧率加上各省每年的经济增长率，其理由是各省资本实际使用情况不同，那些经济增长较快的省份必然会比经济增长较慢的省份更快地使用资本，从而有更多的折旧；黄永峰等（2002）在一项中国制造业资本存量的研究中，估算出设备的折旧率为17%，建筑物为8%；张军、吴桂英和张吉鹏（2004）在计算各省固定资本形成总额时采用了9.6%的折旧率。从对上述文献的分析可以发现，研究者对折旧率的设定具有很大的差异。本研究通过利用全国各省份2000—2008年的折旧额进行汇总，形成全国各年份的资本折旧额，然后除以以2000年为基期的固定资产价格指数，得到不变价格的折旧额，最后利用全国的资本数据计算出2000—2008年全国的资本折旧率,对各年的折旧率求平均值为7%,考虑到5%的资本折旧率相对于中国改革开放后的经济增长来说偏低,而9.6%的资本折旧率又有些偏高,因此在后续的研究中均采用7%的资本折旧率。但是本研究分别采用5%、7%和9.6%三种折旧率对固定资产存量进行计算,以期对估算结果进行对比。

本书以1978年为基期的固定资产投资价格指数和公式(3.1),对1978—2013年我国资本存量数据进行了相应的计算。其计算结果如表3-1所示。

表3-1 　　1978—2013年分别以5%、7%和9.6%为折旧率计算

我国资本存量数据 　　　　　　　　　　　　　　（单位：亿元）

年份	5%折旧	9.6%折旧	7%折旧
1978	13 243.78	13 243.78	13 243.78
1979	13 710.98	13 101.76	13 446.10
1980	14 281.27	13 099.83	13 760.72
1981	14 800.45	13 075.49	14 030.71
1982	15 413.44	13 173.26	14 401.57
1983	16 157.09	13 422.95	14 907.79
1984	17 161.05	13 946.16	15 676.05
1985	18 406.94	14 711.27	16 682.67
1986	19 810.57	15 622.97	17 838.86
1987	21 491.42	16 794.54	19 261.52
1988	23 264.76	18 030.18	20 761.13
1989	24 626.89	18 824.65	21 833.22
1990	26 005.17	19 627.11	22 914.51
1991	27 701.11	20 739.10	24 306.70
1992	29 960.62	22 392.71	26 249.79

续表

年份	5% 折旧	9.6% 折旧	7% 折旧
1993	32 965.02	24 745.45	28 914.74
1994	36 620.91	27 674.02	32 194.85
1995	40 832.98	31 060.43	35 984.32
1996	45 482.51	34 769.81	40 156.60
1997	50 312.35	38 535.87	44 449.60
1998	55 630.29	42 669.99	49 171.69
1999	61 251.56	46 976.45	54 132.45
2000	67 403.36	51 681.09	59 557.56
2001	74 273.09	56 959.60	65 628.43
2002	82 367.85	63 299.90	72 842.85
2003	92 415.42	71 389.07	81 909.82
2004	104 128.48	80 869.55	92 509.96
2005	117 253.54	91 437.55	104 365.74
2006	132 789.59	104 058.28	118 458.87
2007	150 490.91	118 409.49	134 507.56
2008	170 507.68	134 583.49	152 633.34
2009	196 511.39	156 192.57	176 478.10
2010	225 744.81	180 257.07	203 183.62
2011	257 497.26	205 992.08	232 000.46
2012	292 340.45	233 934.89	263 478.48
2013	330 674.78	264 428.50	297 986.34

3.2 各省份资本存量的测算

本研究依然采用永续盘存法对各省份资本存量进行测算，其资本存量的计算公式为式（3.2）：

$$K_{it} = K_{it-1}(1 - \delta_{it}) + I_{it}/P_{it} \tag{3.2}$$

其中 i 指第 i 个省、自治区、直辖市，t 指第 t 年。式（3.2）中一共涉及四个变量：基年资本存量 K 的确定；当年投资 I 的选取；资本折旧率 δ 的确定；固定资产价格指数 P 的选取。下面对这些变量的选取进行详细的论述。

3.2.1 基年资本存量的选取

本研究中各省份数据的样本区间是 2000—2013 年。2000 年基年的资本存量数据采用张军、吴桂英、张吉鹏（2004）以 2000 年当年价格计算的各省份的资本存量。但是在该研究中，由于重庆的数据是从 1996 年开始独立核算的，为了保持数据的一致性，该研究将 1996 年后重庆的数据并入四川省，所以该研究缺少重庆市的资本存量数据。为了保证数据的完整性，本研究在张军等研究的基础上，对重庆市和四川省的数据进行了分离，并对各省份的资本存量进行了重新计算。

目前，对基年资本存量估算方法主要有两种：第一种方法是如张军扩（1991）和何枫等（2003）接受帕金斯对中国 1953 年资本产出比为 3 的假设，利用 1953 年中国的国民收入倒推 1952 年的资本存量为 2 000 亿元左右（1952 年价格）；第二种方法是在许多国际研究中估计初始资本存量时采用的通用的方法，如霍尔和琼斯（Hall and Jones，1999）在估计各国 1960 年资本存量时，就是采用 1960 年的投资比上 1960 年至 1970 年各国投资增长的几何平均数，加上折旧率后的比值。杨格（Young，2000）用类似的方法估计出 1952 年中国固定资本存量约为 815 亿元（1952 年价格），采用 10% 的比例作为分母，去除初始年份的投资数据。张军、吴桂英、张吉鹏（2004）论文中采用的估计方法和杨格

（Young，2000）相同，即用各省份1952年的固定资本形成额，除以10%作为该省份的初始资本存量。

　　本研究沿用这一方法，利用2000年各省份的固定资本形成额除以10%，但计算得到的2000年各省份初始固定资本存量数据，与张军、吴桂英、张吉鹏（2004）论文中计算得到的数据相差一半。本研究认为，其原因在于以上文献都是在计算1952年我国各省份的资本存量，在当时的情况下，以10%作为固定资本投入增长的几何平均数是与当时的事实相符的，而近几年来，我国的投资增长速度加快已是不争的事实，也就是说10%的固定资本投入增长速度已经与我国当前固定资本投资的增长速度不相符了。因此，本研究重新测算了我国全社会固定资产投资总额的增长速度，结果表明，1987—2007年我国全社会固定资产投资总额平均年增长率为20.5%，其增长速度与1952年相比正好提高了一倍，这与前面测算的固定资本存量的结果相符。因此本研究以各省份2000年的固定资本形成额除以20%进行计算，得到各省份2000年的固定资本存量。计算结果与张军等推算出的数据只有个别省份差距较大，绝大多数都基本相符，平均相对误差为9.84%。比较结果如表3-2所示。本书以此计算结果作为2000年各省份基年的固定资本存量。

表3-2　　　　　**2000年各省份固定资本存量比较表**　　　（单位：亿元）

省份	2000a	2000b	相对误差	省份	2000a	2000b	相对误差
北京	7 041	7 001.8	0.56%	湖北	5 185	7 259.25	40%
天津	3 846	3 475.5	9.36%	湖南	5 722	5 410	5.45%
河北	9 486	9 231.45	2.68%	广东	16 084	15 469	3.82%
山西	3 205	3 288	2.59%	广西	3 405	3 353.5	1.51%
内蒙古	2 461	2 197.1	10.72%	海南	1 275	990	22.35%
辽宁	7 597	6 469.6	14.84%	重庆		3 140.05	
吉林	3 372	3 139	6.91%	四川	10 254	7 003.45	1.08%
黑龙江	5 755	4 612	19.86%	贵州	2 282	2 281.3	0.03%

续表

省份	2000a	2000b	相对误差	省份	2000a	2000b	相对误差
上海	10 809	9 665.05	10.58%	云南	4 133	3 611.35	12.62%
江苏	15 642	15 627.1	0.1%	西藏	220	332.5	51.14%
浙江	10 798	11 336	4.98%	陕西	4 249	3 981	6.31%
安徽	5 391	4 682	13.15%	甘肃	1 680	1 869.5	11.28%
福建	6 281	6 084.55	3.13%	青海	739	784.85	6.2%
江西	3 281	3 027.7	7.72%	宁夏	820	804.1	1.94%
山东	14 694	15 795	7.49%	新疆	3 673	3 240.5	11.78%
河南	8 625	8 207.15	4.84%	平均相对误差			9.84%

注：2000a列为张军、吴桂英和张吉鹏（2004）计算的各省份2000年固定资本存量，2000b列为本书以20%为除数计算得到的各省份2000年固定资本存量，两组数据均以2000年当年价格计算。相对误差的计算公式为：相对误差＝|2000a列-2000b列|/2000a列，其中四川省2000b的数据为四川省和重庆市之和。

3.2.2 当年固定资产投资额的选取

在选取我国各省份当年固定资产投资额时，本研究依然使用在计算全国固定资本存量计算时使用指标，即固定资产形成额数据作为当年固定资产投资额。

3.2.3 折旧率的选取

在折旧率的选取时，由于存在和在计算全国资本存量时选取折旧率时相同的理由，本研究在计算全国资本存量和区域资本存量时均采用7%的折旧率，而没有采用张军、吴桂英和张吉鹏（2004）在计算各省固定资本形成总额时采用的9.6%的折旧率。

3.2.4 固定资产价格指数的选取

本书各省份固定资本价格指数以2000年为基期。对相关缺失数据做如下处理：广东省缺失2000年的固定资本价格指数，在此使用与其在地理和经济水平上都较为接近的福建省的固定资产价格指数进行替代；西藏缺失所有的数据，但为了将其纳入研究体系中，本书以全国固定资产价格指数进行替代。经过计算，我国各省份2000—2013年以2000年为基期计算的固定资产存量如表3-3所示。

表3-3　　　　　2000—2013年我国各省份固定资产存量表　　　（单位：亿元）

省份	2000年	2001年	2002年	2003年	2004年	2005年	2006年
北京	7 001.8	8 104.179	9 469.395	11 168.26	13 028.33	15 072.21	17 279.59
天津	3 475.5	4 039.978	4 691.289	5 522.784	6 460.683	7 595.388	8 970.671
河北	9 231.45	10 534.8	11 867.85	13 507.91	15 576.68	18 309.75	21 546.05
山西	3 288	3 788.42	4 380.987	5 132.769	6 110.677	7 347.88	8 861.337
内蒙古	2 197.1	2 549.275	3 087.243	4 047.011	5 421.057	7 402.774	9 739.21
辽宁	6 469.6	7 455.124	8 543.073	9 973.517	11 968.76	14 388.81	17 553.69
吉林	3 139	3 611.357	4 164.128	4 837.559	5 698.692	6 940.826	8 953.232
黑龙江	4 612	5 334.914	6 110.92	6 912.407	7 830.001	8 906.375	10 268.38
上海	9 665.05	11 073.89	12 641.34	14 311.96	16 245.21	18 473.27	21 017.46
江苏	15 627.1	18 048.24	20 681.16	24 359.47	28 615.27	34 017.17	40 026.21
浙江	11 336	13 177.34	15 480.96	18 687.08	22 409.83	26 492.75	30 913.77
安徽	4 682	5 381.888	6 144.473	7 038.814	8 268.839	9 683.648	11 365.37
福建	6 084.55	6 934.943	7 844.174	8 957.895	10 350.33	12 160.65	14 407.83
江西	3 027.7	3 520.21	4 215.959	5 142.578	6 245.865	7 521.849	8 966.583
山东	15 795	18 158.98	20 977.57	24 420.4	28 797.82	34 329.4	40 696.97
河南	8 207.15	9 416.275	10 794.15	12 402.7	14 375.24	17 293.52	21 231.86
湖北	7 259.25	8 360.423	9 476.678	10 630.99	12 013.07	13 680.33	15 835.4
湖南	5 410	6 248.645	7 170.331	8 212.82	9 433.228	11 023.45	12 907.2

续表

省份	2000年	2001年	2002年	2003年	2004年	2005年	2006年
广东	15 469	17 826.79	20 606.67	24 048.27	27 849.4	32 611.53	37 945.33
广西	3 353.5	3 839.931	4 394.842	5 038.45	5 875.927	7 002.714	8 481.546
海南	990	1 128.277	1 280.275	1 451.954	1 640.101	1 859.806	2 115.974
重庆	3 140.05	3 665.941	4 314.615	5 181.198	6 199.15	7 423.832	8 776.327
四川	7 003.45	8 060.883	9 262.237	10 671.47	12 248.09	14 139.54	16 501.34
贵州	2 281.3	2 695.205	3 166.465	3 691.801	4 240.601	4 853.826	5 555.821
云南	3 611.35	4 121.13	4 684.799	5 392.02	6 228.055	7 297.393	8 603.523
西藏	332.5	394.6 832	475.4 044	576.9 326	691.7 444	821.1 777	971.2 184
陕西	3 981	4 558.701	5 201.909	6 083.444	7 079.807	8 331.777	9 974.196
甘肃	1 869.5	2 192.684	2 562.414	2 977.245	3 458.271	3 996.521	4 597.726
青海	784.85	931.4 758	1 101.999	1 292.127	1 491.839	1 716.926	1 960.604
宁夏	804.1	941.3 011	1 101.917	1 330.014	1 584.131	1 871.622	2 196.152
新疆	3 240.5	3 716.202	4 290.204	5 006.115	5 772.596	6 670.337	7 769.331
省份	2007年	2008年	2009年	2010年	2011年	2012年	2013年
北京	19 664.91	21 596.29	23 873.27	26 654.72	30 060.88	33 432.86	37 012.8
天津	10 632.88	12 770.84	16 048.45	20 104.37	25 207.45	30 499.07	36 311.46
河北	25 305.73	30 008.2	35 495.85	41 420.73	48 781.34	56 477.93	64 442.43
山西	10 657.41	12 541.77	15 292.28	18 524.98	22 180.43	25 799.31	29 830.83
内蒙古	12 629.63	15 933.99	20 535.62	25 627.88	31 406.84	37 974.6	45 702.78
辽宁	21 621.52	26 351.02	31 588.19	37 862.93	45 267.32	52 853.83	60 931.38
吉林	11 699.99	15 293.4	19 271.3	23 902.39	28 332.73	33 190.21	38 090.27
黑龙江	11 999.22	14 014.61	17 033.42	19 959.47	23 441.44	27 299.22	31 814.8

续表

省份	2007年	2008年	2009年	2010年	2011年	2012年	2013年
上海	24 142.84	27 046.7	30 496.56	33 455.65	36 909.98	39 616.88	42 578.98
江苏	46 584.68	53 506.04	62 482.17	72 734.86	84 205.55	96 024.75	107 793
浙江	35 549.65	39 907.24	45 340.36	51 470.13	58 412.37	64 855.67	71 952.6
安徽	13 361.06	15 651.31	18 386.18	21 668.69	25 537.99	29 742.98	34 370.7
福建	17 239.67	20 707.6	24 741.45	29 062.53	34 851.84	40 363.81	46 571.36
江西	10 782.7	12 755.9	15 014.96	17 456.02	20 305.75	23 125.73	26 048.6
山东	47 980.5	55 934.54	65 791.16	76 777.6	88 904.01	101 340.5	114 524
河南	26 336.43	32 240.02	40 121.62	49 149.78	59 164.13	70 082.72	82 136.28
湖北	18 416.49	21 270.9	24 945.88	29 315.86	34 928.07	40 720.28	47 178.22
湖南	15 372.41	18 369.4	21 971.4	26 474.11	31 795.1	37 320.03	43 368.97
广东	44 044.14	50 241.45	58 462.99	68 032.3	79 442.86	90 597.19	102 957.4
广西	10 329.22	12 656.91	16 355.29	21 472.94	27 534.29	33 546.59	38 512.09
海南	2 442.378	2 856.787	3 352.447	3 988.253	4 747.316	5 739.467	6 867.064
重庆	10 284.84	11 869.14	13 836.97	16 172.38	19 141.72	22 029.2	25 069.38
四川	19 406.63	22 578.27	26 410.76	30 866.64	36 152.17	41 679.12	47 440.93
贵州	6 357.189	7 269.129	8 393.258	9 755.873	11 452.81	13 604.24	16 351.93
云南	9 669.592	10 726.49	12 664.41	15 674.73	19 677.26	23 900.25	28 715.51
西藏	1 142.793	1 207.119	1 242.568	1 290.433	1 650.503	2 117.741	2 705.176
陕西	11 922.8	14 321.3	17 218.96	20 907.75	25 166.89	29 779.88	34 640.41
甘肃	5 294.76	6 091.523	7 042.887	8 171.039	9 641.11	11 144.83	12 895.54
青海	2 230.849	2 522.408	2 948.217	3 517.197	4 234.131	5 214.135	6 453.347
宁夏	2 601.155	3 125.252	3 836.234	4 689.297	5 589.549	6 555.297	7 632.973
新疆	8 774.272	9 848.808	11 024.06	12 582.66	14 503.9	17 154.08	20 576.71

3.3 R&D存量的计算

目前，国内大多数研究科技投入的文献都将R&D经费或R&D人数作为创新投入的变量。当以R&D经费来衡量科技创新投入时，很多研究都是简单地将R&D投入的当期值或其滞后结构代入模型中。但是，美国经济学家兹维·格里里奇（Griliches，1980a）指出，R&D投入是一种流量，是每年用于研究开发的费用支出，支出的主体用它来进行研究开发活动，生产新的技术知识，而主体所拥有的技术知识，大部分都是以往研究开发所生产的知识和经验的积累，即科技知识的存量，也就是R&D资本存量。因此，本研究在进行相关实证研究时均没有使用R&D流量数据，而是使用R&D资本存量数据。下面对R&D资本存量进行相应的计算。

对R&D资本存量的估算一般也使用永续盘存法（Perpetual Inventory Method，PIM）。Cuneo与Mairesse（1984），Griliches与Mairesse（1984），Griliches（1980a，1980b，1986，1998），Goto与Suzuki（1989），Coe与Helpman（1995），Hall与Mairesse（1995），Crépon与Duguet（1997），Hu，Jefferson与Qian（2005）在测算R&D存量时均使用了这一方法。本研究也使用这一方法来估算我国全国及各省份的R&D资本存量。

参照Griliches（1980a，1986，1998）、Goto与Suzuki（1989）的方法，t期的R&D资本存量可以用过去所有时期的R&D支出现值与t−1期的R&D资本存量现值之和来表示，如式（3.3）所示。

$$R_t = \sum_{i=0}^{n} \mu_i E_{t-i} + (1-\delta) R_{t-1} \qquad (3.3)$$

其中R表示R&D资本存量，i为滞后期，μ为R&D支出滞后贴现系数，E代表R&D支出，δ为R&D资本存量的折旧率。因为难以得到确定R&D支出滞后结构的相关信息，所以，一般都是简单地假定平均滞后期为θ，并假定t−θ期的R&D支出直接构成了t时期的R&D资本存量的增量。假定平均滞后期$\theta=1$，则式（3.3）可以转化为式

（3.4）：

$$R_t = E_t + (1-\delta)R_{t-1} \qquad\qquad (3.4)$$

式（3.4）中共涉及四个变量：（1）当期 R&D 支出 E 的选取；（2）R&D 价格指数的构造，构造的目的在于用其来反映 R&D 支出中价格的变化；（3）折旧率 δ 的确定；（4）基期 R&D 资本存量 R_0 的确定。

3.3.1　当期R&D支出的选取

我国 1987 年才有正式的 R&D 支出统计数据，因此，很多文献在对我国 R&D 投入进行研究时，都采用国家财政科技拨款作为 R&D 投入的数据。但是，我国国家科学技术委员会的研究（1993）指出，1985 年以前，我国科技经费主要依靠国家财政科技拨款，随着科技体制的改革，开辟了科技经费多层次、多渠道的来源。目前，我国科技经费，除国家财政科技拨款之外，还有企业投入、银行科技贷款及少量的国外资助，其中，国家财政科技拨款和企业投入是我国科技经费的主要组成部分。因此，单纯使用国家财政科技拨款作为 R&D 支出数据是不科学的，并不能反映我国科技投入的真实情况。

本研究对 1978—2007 年我国国家财政科技拨款、科技经费筹集额、科技经费内部支出额和 R&D 经费四组数据进行对比，以期找出最能够反映我国实际情况的当期 R&D 数据。其相关数据如表 3-4 所示。

表 3-4 中的数据显示，1987—1991 年这四组数据中最小的是 R&D 经费，第二小是国家财政科技拨款，第三小的是科技经费内部支出额，最大的是科技经费筹集额，其中国家财政科技拨款与 R&D 经费在数值上最接近，同时由于国家财政科技拨款的数据比较齐全，因此，R&D 经费中缺失的 1978—1986 年的数据就依据这期间的国家财政科技拨款进行估算。

国家财政科技拨款包括四个部分，分别是事业费、三项费、基建费和其他，其中事业费是指各级科技行政主管部门归口管理的科学事业

表3-4 1978—2007年我国国家财政科技拨款、科技经费筹集额、科技经费内部支出额和R&D经费数据 （单位：亿元）

年份	国家财政科技拨款	科技经费筹集额	科技经费内部支出额	R&D经费
1978	52.89	—	—	—
1979	62.29	—	—	—
1980	64.59	—	—	—
1981	61.58	—	—	—
1982	65.29	—	—	—
1983	79.10	—	—	—
1984	94.72	—	—	—
1985	102.59	—	—	—
1986	112.57	—	—	—
1987	113.79	—	—	74.03
1988	121.12	264.8	—	89.5
1989	127.87	286.32	—	112.31
1990	139.12	301.3	—	125.43
1991	160.69	427	388.47	159.46
1992	189.26	557.32	489.33	198.03

年份	国家财政科技拨款	科技经费筹集额	科技经费内部支出额	R&D经费
1993	225.61	675.49	622.77	248.01
1994	268.25	788.91	738.71	306.26
1995	302.36	962.51	846.91	348.69
1996	348.63	1 043.19	932.98	404.48
1997	408.86	1 181.93	1 065.23	509.16
1998	438.6	1 289.76	1 128.47	551.12
1999	543.9	1 460.61	1 284.93	678.91
2000	575.6	2 346.68	2 050.25	895.66
2001	703.3	2 589.4	2 312.55	1 042.49
2002	816.22	2 937.99	2 671.54	1 287.64
2003	944.6	3 459.1	3 121.57	1 539.63
2004	1 095.3	4 328.33	4 004.43	1 966.33
2005	1 334.91	5 250.83	4 836.22	2 449.97
2006	1 688.5	6 196.71	5 757.27	3 003.1
2007	2 115.5	7 695.2	7 098.90	3 710.2

数据来源：中国科技统计网，www.sts.org.cn。

费，以及中国社会科学院系统和高技术研究计划的经费；三项费是指新产品试制费、中间试验费和重大科研项目补助费；基建费是指国家计委安排的基本建设支出中用于国家重大科学工程建设、用于独立科研单位的资金和用于高等院校、企业的科研资金。1987—1991年我国国家财政科技拨款数据中事业费、三项费和基建费的拨款数额及其所占比例如表3-5所示。

表3-5　　　　　1987—1991年我国国家财政科技拨款构成表

年份	国家财政科技拨款（亿元）	R&D经费		事业费		三项费		基建费	
		数据（亿元）	比例（%）	数据（亿元）	比例（%）	数据（亿元）	比例（%）	数据（亿元）	比例（%）
1987	113.79	74.03	0.65	29.5	0.26	50.6	0.44	22.87	0.20
1988	121.12	89.5	0.74	35.65	0.29	54.05	0.45	19.7	0.16
1989	127.87	112.31	0.88	38.45	0.30	59.13	0.46	17.91	0.14
1990	139.12	125.43	0.90	44.44	0.32	63.48	0.46	17.47	0.13
1991	160.69	159.46	0.99	54.15	0.34	73.32	0.46	18.4	0.11

数据来源：中国科技统计网，www.sts.org.cn。

由表3-5中的数据可见，1987年国家财政科技拨款中事业费和三项费比例之和就已经达到国家财政科技拨款的70%，而该年R&D经费只占了国家财政科技拨款的65%，考虑到1987—1991年我国R&D经费占国家财政科技拨款的比例是逐年上升的，由此可以推断1978—1986年该比例应该是逐年下降的，但其不应该超过1987年的65%，综合以上分析，并且为了处理方便，本研究选择1978—1986年国家财政科技拨款的60%作为这期间的R&D经费内部支出额。

经过上述处理本书得到了1978—2013年R&D经费的支出数据，如表3-6所示。

年份	R&D经费	年份	R&D经费	年份	R&D经费
1978	31.73	1990	125.43	2002	1 287.64
1979	37.37	1991	159.46	2003	1 539.63
1980	38.75	1992	198.03	2004	1 966.33
1981	36.95	1993	248.01	2005	2 449.97
1982	39.17	1994	306.26	2006	3 003.10
1983	47.46	1995	348.69	2007	3 710.20
1984	56.83	1996	404.48	2008	4 616.02
1985	61.55	1997	509.16	2009	5 802.11
1986	67.54	1998	551.12	2010	7 062.58
1987	74.03	1999	678.91	2011	8 687.01
1988	89.50	2000	895.66	2012	10 298.40
1989	112.31	2001	1 042.49	2013	11 846.60

表3-6　　　　　　1978—2013年R&D经费的支出数据　　　　（单位：亿元）

在各地区的R&D支出数据中，本研究直接选取《中国科技统计年鉴》中各地区的R&D经费作为R&D支出数据。

3.3.2 全国R&D价格指数的构造

R&D价格指数的构造一直是创新经济学研究中的一个棘手问题（Mansfield，1984）。Jaffe（1972）将R&D价格指数表示为非金融企业中工资价格指数和GNP隐含指数的加权平均值，前者权重为0.49，后者权重为0.51；Griliches（1980b）、Jensen（1987）在其实证研究文章中也沿用了这一方法。Mansfield（1984）在假定具有不变规模报酬的柯布-道格拉斯生产函数的基础上，推导了各产业的R&D价格指数；Loeb与Lin（1977）以R&D人员的工资价格指数和设备投资的GNP价格指数的加权平均值来表示，前者赋予0.55的权重，后者赋予0.45的权重。朱平芳、徐伟民（2003）将 R&D 支出价格指数设定为消费物价指数和固定资产投资价格指数的加权平均值，其中消费价格指数的权重为 0.55，固定资产投资价格指数的权重为 0.45。吴延兵（2006a）在对中国大中型工业企业 R&D 价格指数进行计算时，分别计算了原材料购进价格权重为 0.4、0.5、0.6，而固定资产投资价格指数权重为 0.6、0.5、0.4 三种情况下 R&D 价格指数。

由此可见，在 R&D 价格指数的构造过程中，R&D 指数的构成及其构成部分的权重赋予各式各样，并没有统一的规范，而且所有的文献都没有给出构造 R&D 指数的依据。本书在构造 R&D 价格指数时，进行了详细的研究，在一定程度上解决了上述问题。本书构造 R&D 价格指数的基本思路是：首先测算 R&D 支出中各部分支出所占的比重，然后以此为依据赋予各部分不同的权重。

由于我国科技经费内部支出额的数据比较完整，且与科技经费筹集额的支出比例比较接近，所以，本书利用科技经费内部支出额数据进行比重分析。我国科技经费内部支出额由三部分构成：劳务费、原材料费和固定资产购建费。根据前期研究的计算结果，1995—2006 年每年全国科技经费内部支出额各部分在 R&D 经费中所占的比重分别为 22.09%、49.26%、28.65%，为了今后研究的方便，此后在计算 R&D 价格时规定各部分的权重分别为劳务费占 20%，原材料费占 50%，固定资产购建费占 30%。各部分相关价格指数选择的标准为：劳务费的价格指数采用商品零售价格指数；由于我国原材料、燃料、动力购进价格指数缺失严重，只能查到 1985—2007 年的数据，所以原材料费的价格指数没有采用原材料、燃料、动力购进价格指数，因此原材料的价格指数采用工业品出厂价格指数；固定资产购建费采用固定资产价格指数。在确定了相关数据后，本书利用公式（3.5）计算出我国 R&D 价格指数。

$$RD_i = \sum_{i=1}^{3} W_i P_i \qquad (3.5)$$

公式（3.5）中 W_i 表示构成 R&D 支出各部分的权重，P_i 为构成 R&D 支出各部分的价格指数。计算结果如表 3-7 所示。

表3-7 1978—2013年我国R&D价格指数

年份	R&D价格指数	年份	R&D价格指数	年份	R&D价格指数
1978	1.000	1990	1.881	2002	3.619
1979	1.018	1991	2.004	2003	3.692
1980	1.045	1992	2.190	2004	3.892
1981	1.061	1993	2.689	2005	4.015
1982	1.072	1994	3.158	2006	4.103
1983	1.084	1995	3.556	2007	4.257
1984	1.112	1996	3.713	2008	4.566
1985	1.205	1997	3.750	2009	4.410
1986	1.267	1998	3.668	2010	4.604
1987	1.355	1999	3.611	2011	4.883
1988	1.574	2000	3.673	2012	4.891
1989	1.803	2001	3.661	2013	4.884

3.3.3 我国各省份R&D价格指数的构造

在构造各省份R&D价格指数时，前期的构造方法是：首先，利用我国各省份2000—2007年科技经费内部支出额数据，计算出各省每年各部分所占比例；然后，求其平均值，得到各省份R&D支出各部分的比例。各省份R&D支出组成部分的权重如表3-8所示。

考虑到如果每次都计算这个比重虽然相对更精确，但是却不利于长期研究，为了使该方法更加简便，通过分析这些相关数据可以发现各省的比例相对比较接近，为此在以后的研究中确定各省R&D经费支出中各部分的构成比例分别为劳务费25%，固定资产30%，原材料45%。劳务费的价格指数采用商品零售价格指数，原材料费的价格指数采用工业

表3-8　　　　　　我国各省R&D价格指数计算中各部分的权重

省份	劳务费	原材料费	固定资产购建费	省份	劳务费	原材料费	固定资产购建费
全国	0.22	0.49	0.29	河南	0.22	0.42	0.36
北京	0.24	0.56	0.2	湖北	0.23	0.51	0.26
天津	0.22	0.49	0.29	湖南	0.23	0.47	0.3
河北	0.21	0.47	0.32	广东	0.29	0.4	0.31
山西	0.23	0.36	0.41	广西	0.27	0.44	0.29
内蒙古	0.28	0.42	0.3	海南	0.31	0.45	0.24
辽宁	0.22	0.54	0.24	重庆	0.22	0.46	0.32
吉林	0.22	0.58	0.2	四川	0.21	0.49	0.3
黑龙江	0.26	0.50	0.24	贵州	0.27	0.42	0.31
上海	0.23	0.51	0.26	云南	0.25	0.43	0.32
江苏	0.21	0.47	0.32	西藏	0.51	0.32	0.17
浙江	0.24	0.45	0.31	陕西	0.2	0.52	0.28
安徽	0.17	0.41	0.42	甘肃	0.31	0.42	0.27
福建	0.26	0.39	0.35	青海	0.29	0.43	0.28
江西	0.26	0.39	0.35	宁夏	0.24	0.45	0.31
山东	0.2	0.45	0.35	新疆	0.3	0.43	0.27

品出厂价格指数，固定资产购建费采用固定资产价格指数。这些要使用的价格指数存在着一定的数据缺失，本书对其进行了相应的处理。其中，海南省缺失2000—2001年的工业品出厂价格指数数据，西藏缺失2000—2005年的原材料价格指数数据，在此均以全国的工业品出厂价格指数进行替代（由于西藏2006年和2007年已经有了相关的数据，为了以后分析的方便，在此没有采用将西藏剔除的一般做法）。利用公式（3.5）进行计算，得到的结果如表3-9所示。

表 3-9 　　　　　　我国各省 2000—2013 年 R&D 价格指数

年份 省份	2000年	2001年	2002年	2003年	2004年	2005年	2006年
北京	1.000	1.007	0.988	1.002	1.031	1.043	1.042
天津	1.000	0.984	0.963	0.984	1.030	1.038	1.047
河北	1.000	1.001	0.994	1.038	1.126	1.160	1.175
山西	1.000	1.006	1.020	1.090	1.201	1.279	1.296
内蒙古	1.000	1.004	1.005	1.033	1.079	1.122	1.153
辽宁	1.000	0.995	0.984	1.012	1.068	1.105	1.136
吉林	1.000	1.008	1.004	1.021	1.067	1.099	1.118
黑龙江	1.000	0.984	0.973	1.033	1.119	1.219	1.293
上海	1.000	0.987	0.974	0.987	1.029	1.041	1.048
江苏	1.000	1.000	0.993	1.019	1.088	1.109	1.125
浙江	1.000	0.993	0.979	0.996	1.046	1.061	1.087
安徽	1.000	0.993	0.993	1.024	1.092	1.115	1.140
福建	1.000	0.987	0.972	0.981	1.013	1.021	1.026
江西	1.000	0.987	0.981	1.015	1.091	1.141	1.207
山东	1.000	1.005	1.001	1.028	1.090	1.122	1.143
河南	1.000	1.005	0.995	1.033	1.126	1.167	1.200
湖北	1.000	0.997	0.987	1.018	1.075	1.111	1.136
湖南	1.000	1.001	0.997	1.023	1.090	1.137	1.174
广东	1.000	0.992	0.972	0.977	1.011	1.029	1.042
广西	1.000	1.036	1.013	1.035	1.106	1.142	1.201
海南	1.000	0.991	0.979	0.986	1.014	1.020	1.030
重庆	1.000	0.998	0.989	1.002	1.041	1.064	1.087
四川	1.000	1.012	1.002	1.015	1.073	1.109	1.135
贵州	1.000	1.016	1.009	1.034	1.097	1.141	1.172

续表

年份 省份	2000年	2001年	2002年	2003年	2004年	2005年	2006年
云南	1.000	1.000	0.992	1.008	1.087	1.128	1.163
西藏	1.000	0.993	0.983	0.993	1.029	1.059	1.094
陕西	1.000	1.015	1.022	1.057	1.115	1.184	1.252
甘肃	1.000	1.009	1.001	1.052	1.143	1.208	1.284
青海	1.000	0.979	0.984	1.019	1.085	1.142	1.205
宁夏	1.000	1.009	1.008	1.037	1.109	1.151	1.195
新疆	1.000	1.001	0.988	1.063	1.164	1.269	1.375

年份 省份	2007年	2008年	2009年	2010年	2011年	2012年	2013年
北京	1.056	1.111	1.070	1.096	1.142	1.150	1.148
天津	1.073	1.139	1.091	1.133	1.186	1.181	1.175
河北	1.239	1.391	1.299	1.379	1.470	1.441	1.427
山西	1.373	1.605	1.524	1.626	1.733	1.693	1.621
内蒙古	1.209	1.325	1.294	1.365	1.459	1.477	1.466
辽宁	1.187	1.293	1.245	1.309	1.390	1.403	1.404
吉林	1.158	1.224	1.200	1.248	1.315	1.320	1.322
黑龙江	1.359	1.507	1.395	1.534	1.681	1.695	1.684
上海	1.073	1.126	1.085	1.117	1.170	1.169	1.169
江苏	1.167	1.243	1.207	1.276	1.355	1.341	1.339
浙江	1.124	1.192	1.149	1.208	1.279	1.268	1.266
安徽	1.192	1.290	1.229	1.308	1.407	1.408	1.405
福建	1.063	1.107	1.074	1.109	1.165	1.167	1.168
江西	1.275	1.371	1.306	1.429	1.560	1.545	1.543
山东	1.186	1.275	1.229	1.290	1.368	1.368	1.368
河南	1.261	1.387	1.337	1.411	1.508	1.516	1.515

续表

年份\省份	2007年	2008年	2009年	2010年	2011年	2012年	2013年
湖北	1.184	1.268	1.237	1.290	1.375	1.395	1.402
湖南	1.243	1.351	1.313	1.380	1.483	1.491	1.495
广东	1.066	1.124	1.086	1.120	1.173	1.185	1.192
广西	1.252	1.357	1.299	1.395	1.496	1.493	1.487
海南	1.076	1.161	1.106	1.173	1.258	1.281	1.285
重庆	1.135	1.216	1.179	1.212	1.271	1.287	1.287
四川	1.188	1.298	1.273	1.321	1.402	1.406	1.410
贵州	1.230	1.356	1.321	1.370	1.443	1.465	1.459
云南	1.224	1.300	1.244	1.314	1.376	1.378	1.378
西藏	1.114	1.167	1.157	1.197	1.243	1.257	1.271
陕西	1.298	1.406	1.377	1.462	1.557	1.583	1.582
甘肃	1.345	1.427	1.371	1.497	1.620	1.611	1.599
青海	1.262	1.376	1.331	1.421	1.517	1.517	1.519
宁夏	1.242	1.376	1.337	1.425	1.542	1.535	1.517
新疆	1.453	1.648	1.507	1.740	1.936	1.917	1.894

3.3.4 R&D资本存量折旧率δ的确定

Pakes 和 Schankerman（1984）认为，由于知识的更新速度较快以及知识扩散造成的知识专用性的下降，R&D 存量（知识存量）的折旧率通常较高，所以 R&D 的折旧率一定比物资资本的折旧率要高。从现有文献来看，R&D 资本存量折旧率δ的确定主要有三种方法：第一种是根据经验直接将折旧率δ设定为15%，如 Griliches 与 Lichtenberg（1984），Jaffe（1988），Hall 与 Mairesse（1995），Adams 与 Jaffe（1996），Crépon 与 Duguet（1997），Hu，Jefferson 与 Qian（2005）在对 R&D 资本存量进行衡量时，都使用了15%的折旧率；第二种为通过计算专利各期收益贴现值总和与专利更新费用差额，也就是通过对专利净收益的计算来估计 δ（Bosworth，1978；Pakes and Schankerman，1984）；第三种假定 δ 值是专利产生收益时间长度的反函数，如果专利的生命足够长，那么就可以假定 δ 值足够小（Goto and Suzuki，1989）。因为第二种和第三种方法需要详细的专利数据，而我国还没有这方面的系统数据，所以本研究采用第一种方法，无论在全国 R&D 资本计算时，还是在地区 R&D 资本计算时，都选取了大多数文献中常用的 15% 的折旧率。

3.3.5 基年 R&D 资本存量 R_0 的确定

目前，对基年 R&D 资本存量的确定主要是根据 Goto 与 Suzuki（1989）、Coe 与 Helpman（1995）的方法。该方法假定 R&D 资本存量 R 的平均增长率等于 R&D 支出 E 的平均增长率，如式（3.6）所示：

$$\frac{R_t - R_{t-1}}{R_{t-1}} = \frac{E_t - E_{t-1}}{E_{t-1}} = g \tag{3.6}$$

其中 g 为 R&D 支出 E 的平均增长率。当 t=1 时，如式（3.7）所示：

$$R_1 = (1 + g) R_0 \tag{3.7}$$

根据公式（3.4），当 t=1 时，如式（3.8）所示：

$$R_1 = E_0 + (1 - \delta) R_0 \tag{3.8}$$

利用公式（3.7）和公式（3.8）可以得到两种计算基期 R&D 资本存量的公式，其一是将公式（3.7）和公式（3.8）合并，可以得出计算公式（3.9）：

$$R_0 = \frac{E_0}{g + \delta} \tag{3.9}$$

其二是将公式（3.8）代入公式（3.7）中，消除掉 R_0 项，可得公式（3.10）：

$$R_1 = \frac{1 + g}{g + \delta} E_1 \tag{3.10}$$

变量变化后，则可以得到计算基期 R&D 存量的另一个公式（3.11）：

$$R_0 = \frac{1 + g}{g + \delta} E_0 \tag{3.11}$$

R&D 经费的增长率 g 是为了消除因宏观经济或政策变化而导致的

R&D支出的大幅波动，在确定该数值时早期都是分别对其进行计算的，但是通过对全国1978—2013年以及各省份2000—2013年R&D经费年均增长率的计算和观察，发现无论是全国，还是各地区，各年R&D经费的增长率在求了平均值之后基本变化不大，为了减少以后研究的工作量，在此将这一数据进行固化，全国及各省份R&D经费的平均增长率分别如表3-10所示。

表3-10　　　　**全国及各省份R&D经费的平均增长率（%）**

省份	平均增长率	省份	平均增长率	省份	平均增长率
全国	20	浙江	30	重庆	25
北京	17	安徽	24	四川	20
天津	25	福建	24	贵州	20
河北	20	江西	25	云南	20
山西	25	山东	28	西藏	26
内蒙古	30	河南	23	陕西	16
辽宁	20	湖北	21	甘肃	19
吉林	20	湖南	25	青海	25
黑龙江	20	广东	23	宁夏	23
上海	20	广西	23	新疆	24
江苏	27	海南	29		

数据来源：根据中国科技统计网相关数据计算得到。

对在以上四组数据确定之后，就可以根据公式（3.9）或者公式（3.11）计算全国1978—2013年的R&D存量和2000—2013年我国各地区的R&D存量了。在对全国R&D存量进行计算时，大多数文献都使用了公式（3.9），如吴延兵（2006a，2008a）、杨鹏（2007）、杨鹏、许晓雯、蔡虹（2005）等；也有文献使用了公式（3.11）计算R&D基期存量，如吴延兵（2006b）、吴瑛、杨宏进（2006）等。在对全国R&D基期存量进行计算时，本研究分别利用公式（3.9）和公式（3.11）进行了相关计算，具体计算结果如表3-11所示。

表3-11　　　　　　1978—2013年我国R&D存量数据

（1978年为基期）　　　　　　　（单位：亿元）

年份	公式（3.9）	公式（3.11）	年份	公式（3.9）	公式（3.11）
1978	90.67	108.80	1996	523.11	524.08
1979	113.80	129.21	1997	580.41	581.24
1980	133.81	146.92	1998	643.59	644.29
1981	148.56	159.69	1999	735.07	735.67
1982	162.81	172.28	2000	868.68	869.18
1983	182.16	190.21	2001	1 023.12	1 023.56
1984	205.95	212.78	2002	1 225.43	1 225.79
1985	226.14	231.96	2003	1 458.64	1 458.95
1986	245.51	250.45	2004	1 745.05	1 745.32
1987	263.31	267.51	2005	2 093.49	2 093.71
1988	280.66	284.23	2006	2 511.31	2 511.51
1989	300.86	303.90	2007	3 006.27	3 006.43
1990	322.42	325.00	2008	3 566.30	3 566.44
1991	353.64	355.83	2009	4 346.89	4 347.01
1992	391.02	392.89	2010	5 228.75	5 228.85
1993	424.59	426.17	2011	6 223.53	6 223.61
1994	457.87	459.22	2012	7 395.75	7 395.82
1995	487.26	488.40	2013	8 711.88	8 711.94

　　由表3-11的计算结果可以发现，无论采用哪一种计算公式，只对早期的计算结果有一些影响，1990年左右的时候这两组计算结果的数据趋于一致，因此采用哪一个计算公式对数据的影响不大，在后续的研究中本研究将和大多数文献一样采用公式（3.9）的计算结果。

　　在对各省份R&D基期存量进行计算时，考虑到公式（3.11）的计算结果可能能够更好地体现各省份R&D存量变化的差异，因此，本研究采用了公式（3.11）对我国各省份基期R&D存量进行测算，其计算结果如表3-12所示。

表3-12　　　2000—2013年我国各省份R&D存量数据　　（单位：亿元）

年份 省份	2000年	2001年	2002年	2003年	2004年	2005年	2006年
北京	473.82	572.78	709.03	858.45	1 037.51	1 248.25	1 476.40
天津	60.54	76.77	97.44	124.67	159.82	207.71	269.68
河北	73.56	88.31	108.87	129.21	148.77	177.25	215.92
山西	24.48	31.54	40.94	49.32	61.37	72.71	89.83
内蒙古	6.61	9.50	12.89	17.14	21.80	28.95	38.91
辽宁	112.82	150.07	200.25	252.20	314.52	380.21	442.73
吉林	37.90	48.58	67.60	84.68	105.24	125.23	143.05
黑龙江	40.01	54.44	70.21	91.32	109.20	132.95	157.13
上海	204.00	262.64	336.49	416.61	520.46	642.44	793.15
江苏	170.87	237.50	319.99	419.72	553.44	713.74	914.36
浙江	73.83	104.44	144.25	198.11	278.83	390.89	538.42
安徽	50.75	64.38	80.60	100.18	119.91	143.09	173.65
福建	53.88	68.70	83.50	109.18	138.12	169.89	210.11
江西	19.97	24.88	33.10	44.86	57.87	74.21	94.36
山东	117.73	160.69	224.67	291.98	378.59	495.71	626.26
河南	62.76	81.50	98.74	117.03	137.11	164.15	206.05
湖北	91.58	114.77	146.07	178.03	204.02	240.87	287.87
湖南	46.84	63.80	80.52	97.86	117.18	138.75	163.61
广东	280.57	376.98	481.35	593.17	713.01	842.94	1 016.88
广西	21.65	26.13	31.14	37.33	42.47	48.88	56.73
海南	1.78	2.32	3.22	3.96	5.43	6.18	7.29
重庆	24.35	30.71	38.87	50.46	65.60	85.79	106.89

续表

年份\省份	2000年	2001年	2002年	2003年	2004年	2005年	2006年
四川	131.62	168.72	205.22	252.67	287.46	331.40	376.69
贵州	11.24	14.78	18.58	23.42	27.82	33.32	40.70
云南	18.28	23.23	29.62	36.11	42.20	54.78	64.56
西藏	0.49	0.62	1.03	1.19	1.36	1.48	1.70
陕西	159.43	186.45	217.90	249.52	286.98	322.01	354.69
甘肃	21.44	26.55	33.52	40.63	47.12	56.29	66.50
青海	3.17	3.92	5.44	6.99	8.75	10.03	11.29
宁夏	4.07	4.94	6.14	7.51	9.14	10.52	13.10
新疆	8.00	9.99	12.06	13.82	16.91	19.42	22.68

年份\省份	2007年	2008年	2009年	2010年	2011年	2012年	2013年
北京	1 733.32	1 968.60	2 297.93	2 703.27	3 117.56	3 574.61	4 070.60
天津	337.85	424.44	520.30	640.44	785.63	951.83	1 173.38
河北	256.17	296.16	355.50	414.90	489.60	586.72	696.25
山西	112.22	134.39	167.30	197.49	233.31	276.47	330.62
内蒙古	53.09	70.71	100.36	131.96	170.57	213.66	261.57
辽宁	515.62	585.32	684.23	801.30	942.80	1 080.07	1 235.68
吉林	165.52	183.84	224.07	251.20	281.26	322.25	364.44
黑龙江	182.17	212.37	258.80	300.17	331.77	368.13	410.77
上海	960.72	1 132.23	1 352.66	1 580.87	1 854.67	2 157.84	2 498.84
江苏	1 145.86	1 441.22	1 806.55	2 207.80	2 662.83	3 223.99	3 850.83
浙江	708.13	890.92	1 104.34	1 347.82	1 613.21	1 941.05	2 295.46
安徽	207.82	252.87	325.63	401.95	494.16	620.17	777.68
福建	255.92	309.56	389.15	484.86	602.31	744.12	901.37
江西	118.47	146.74	182.84	216.46	246.05	282.72	328.12

年份 省份	2007年	2008年	2009年	2010年	2011年	2012年	2013年
山东	795.66	1 016.43	1 286.77	1 614.52	1 989.52	2 436.68	2 930.83
河南	255.34	305.20	390.19	481.36	584.54	701.80	831.02
湖北	338.74	405.44	517.17	644.30	782.48	940.77	1 117.93
湖南	198.23	251.89	331.01	416.57	511.37	627.63	752.21
广东	1 243.74	1 504.21	1 879.85	2 320.19	2 863.84	3 477.82	4 166.83
广西	65.79	80.09	104.41	133.85	167.91	207.81	249.06
海南	8.61	10.16	13.88	17.76	23.37	30.57	37.50
重庆	132.26	161.93	205.06	257.05	319.50	395.77	473.53
四川	437.32	495.24	589.42	701.11	805.75	934.39	1 077.89
贵州	45.76	52.84	64.89	77.06	90.66	105.53	122.05
云南	76.02	88.45	105.10	122.98	145.31	173.42	205.33
西藏	2.07	2.79	3.58	4.30	4.62	5.83	6.77
陕西	395.25	437.91	509.83	582.15	655.00	738.14	844.11
甘肃	75.65	86.59	100.81	113.67	126.56	145.12	165.19
青海	12.62	13.56	17.23	21.62	26.68	31.33	35.71
宁夏	17.15	20.03	24.80	29.15	34.70	41.37	48.95
新疆	26.17	31.95	41.63	50.73	60.16	71.87	85.11

4　门槛回归模型简介

4.1　选择门槛回归模型的背景

　　在早期进行实证研究的时候，绝大多数研究都采用可以转变为线性函数形式的C-D生产函数，如朱平芳（1999）、罗佳明等（2004）、单红梅等（2006）等，也就是说这些研究首先假设我国科技创新体系中研发投入与产出之间是线性关系，其研究成果也基本认为科技投入与经济增长之间具有显著的正相关关系，我国的科技投入对经济增长具有积极的促进作用，但是这种作用相对于资本和劳动这两个生产要素来说，相对要小。随着我国经济的发展，我国GDP增长很快，与此同时我国R&D经费的投入也迅速增长，两者的增长情况如图4-1所示。

　　由图4-1可以看出1995年以前我国GDP和R&D经费水平都很低，并且一直在低位徘徊，但是1995年以后，两者都呈指数化增长趋势。这种指数化的增长趋势有可能使我国R&D投入与经济增长之间存在结

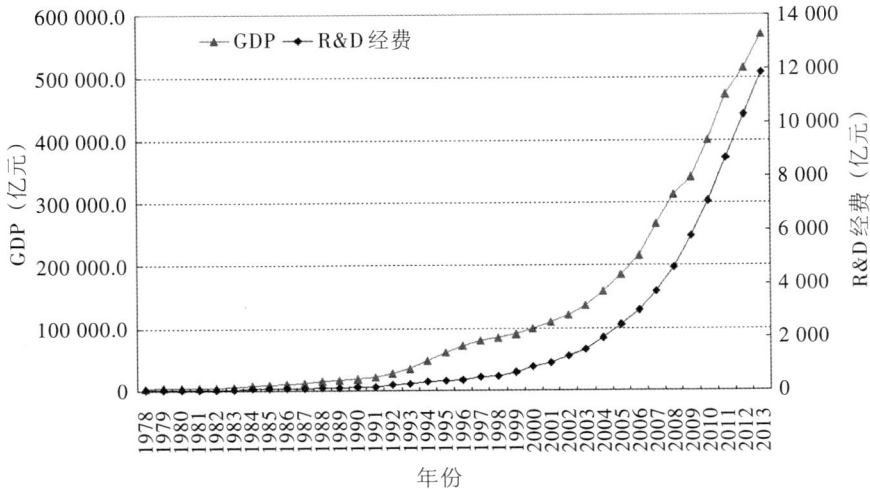

图4-1　1978—2013年我国GDP与R&D经费

构性变动，于是最近的一些文献在进行相关研究时采用了分阶段研究的
方法。如王小鲁等（2009）对科技资本对经济增长的贡献进行了分阶段
分解，该研究将1978—2007年分为1979—1988年、1989—1998年和
1999—2007年三个阶段，结果显示我国科技研发投入规模依然较小，
其作用虽然不大，但增长迅速；赵彦云等（2011）利用邹检验将1988—
2008年划分为1988—1997年和1998—2008年两个时期进行研究，结果
显示我国经济发展在1997年存在断点，这些研究结果表明我国科技创
新体系中投入产出之间有可能存在非线性关系，也就是存在转折点。相
对于早期以线性模型为基础的研究，这些研究考虑到了我国经济发展和
科技创新过程在不同阶段呈现出的不同特点，是对早期研究的进一步完
善，为后续研究开辟了新的空间。通常进行转折点确认的方法是邹检
验，该方法是在研究同一个问题时，将不同时段的数据分成两个子样
本，然后分别对其进行回归，通过观察回归系数在不同时段是否稳定来
判断是否存在转折点（张晓峒，2009）。但是在确定从哪个时间点将数
据分成两个子样本，也就是在结构转折点的选择问题上必须进行主观的
认定，使得该方法存在一定的缺陷，因此对于采用该方法得出的结论也
就存在很大的分歧。特别是如果模型中重要解释变量在短时间持续发生
较大幅度的变化时，以"时间"为转折点的分析方法利用传统的时间序

列模型可能无法诊断出模型结构的改变（李建强，2006），如果利用邹检验，将会发现在相邻的多个时间点都会拒绝不存在断点的原假设，即认为在相邻的多个年份都存在断点，在这种情况下就必须主观判断断点到底在哪里，此时该方法的局限性就显示出来了（孔东民，2007）。

　　Tong 在 1978 年提出了门槛回归的方法，该方法以"变量"为结构改变的转折点，在进行实证研究时，这个"变量"是不会出现重复值的，也就不会出现上述方法中存在的问题，从而弥补了上述方法在这方面存在的缺失。后来 Hansen 等人又对这一方法进行了更深入的研究，使这一方法在经济学领域的研究中得到广泛的应用。本研究就选择 Hansen（2000）的门槛回归方法，以"变量"为体制（Regime）改变的转折点对我国科技投入与产出之间的关系进行相关研究。

4.2　门槛回归模型原理

　　Hansen（2000）门槛回归方法是以变量为机制（Regime）改变的转折点，模型中不同机制就是通过门槛变量大于或小于某一门槛值来表示的。其两机制的门槛回归模型可表示为式（4.1）和式（4.2）：

$$y_t = \theta_1' x_t + e_{1t} \qquad q_t \leq \gamma \qquad\qquad (4.1)$$

$$y_t = \theta_2' x_t + e_{2t} \qquad q_t > \gamma \qquad\qquad (4.2)$$

　　其中 y_t 为被解释变量，x_t 为解释变量，e_{it} 为随机误差项，q_t 为门槛变量，γ 为门槛值，根据门槛变量是否大于门槛值，可以将样本数据分成两组，当门槛变量小于或等于门槛值时，回归模型为式（4.1），否则为式（4.2）。令虚拟变量 $I_t(\gamma) = \{q_t \leq \gamma\}$，$I\{\cdot\}$ 称为指示函数（indicator function），当 $q_t \leq \gamma$ 时，$I\{\cdot\}=1$，否则 $I\{\cdot\}=0$。设 $x_t(\gamma) = x_t I_t(\gamma)$，则模型（4.1）和（4.2）可写为模型（4.3）：

$$y_t = \theta x_t + \rho x_t(\gamma) + e_t, \qquad e_t \sim iid(0, \delta_t^2) \qquad\qquad (4.3)$$

　　其中 $\theta = \theta_2'$，$\rho = \theta_1' - \theta_2'$，随机误差项 $e_t = [e_{1t} e_{2t}]'$，θ、ρ、γ 为待估参数。门槛值 γ 的选择是将样本按照某一门槛变量 q_t 进行排序，然后对应于任意门槛值 γ 求出各参数的估计值，进而求出不同门槛值的残差平

方和，如式（4.4）所示：

$$S_1(\gamma) = \hat{e}_1(\gamma)'\hat{e}_1(\gamma) \tag{4.4}$$

最优门槛估计值$\hat{\gamma}$是使其残差平方和$S_1(\gamma)$最小的值，即式（4.5）：

$$\hat{\gamma} = \arg\min S_n(\gamma) \tag{4.5}$$

当门槛值确定后，其他参数值也就确定了。在这个过程中对门槛变量的选择是非常重要的，一般来说，门槛变量的选择可由理论模型外生决定，但 Hansen（2000）指出，由于门槛回归方法是通过对门槛变量进行排序后进行模型估计的，如果门槛变量含有较强的时间趋势，就会将这种趋势带入模型中，趋势的存在将改变突变点似然分布检验（Hansen（1992，2000），Chu and White（1992）），更重要的是在这种情况下置信区间无法构建，使得问题无法研究。在进行门槛回归之前必须进行显著性检验和一致性检验。

4.3　门槛回归模型的显著性检验

虽然建立了门槛回归模型，但是以门槛值划分的两组样本的估计参数是否显著不同是决定门槛回归模型是否存在的基础，因此要对其进行显著性检验。在选取了门槛变量后，可以采用 Hansen（1996）提出的 LM（Lagrange Multiplier）检验来考察门槛是否存在，不存在门槛值的零假设式（4.6）：

$$H_0: \theta_1 = \theta_2 \tag{4.6}$$

如果零假设 H_0 成立，则表示模型（4.3）不存在门槛，那么门槛回归模型将退化为线性模型，否则表示样本数据中存在机制转换（即经济结构变动），即解释变量的系数在不同区间会有不同的效果。但是这个检验与传统的检验并不相同，因为在无门槛的零假设下，门槛参数无法识别，这将造成检验统计量的大样本分布并非"卡方分布"，而是受到干扰参数影响的"非标准非相似（non-standard non-similar）分布"，分布的临界值无法以模拟方式得到（孔东民，2007）。为了克服这一问题，Hansen（1996）提出以统计量本身的大样本分布函数来转换，其利用 LM 统计量对零假设进行统计检验时，构造似然比统计量的公式为式（4.7）：

$$F_1 = \frac{S_0 - S_1(\gamma)}{\delta^2} \qquad (4.7)$$

其中，S_0 为在零假设（即无门槛值）下的残差平方和加总，S_1 为存在门槛效应下的残差平方和加总。然后可以使用"自助抽样法"（Bootstrap）进行计算，该方法的基本思想是在解释变量和门槛值给定的前提下，模拟（Simulate）产生一组因变量序列，并使其满足 $N(0;\hat{e}^2)$，其中 $\hat{e}$ 是式（4.3）的残差项。每得到一个自抽样样本，就可以计算出一个模拟的 LM 统计量。将这一过程重复足够多次，比如 1 000 次，Hansen（1996）认为模拟产生的 LM 统计量大于式（4.7）的次数占总模拟次数的百分比就是通过"自助抽样法"（Bootstrap）估计得到的大样本的渐进 p 值，这个 p 值类似于普通计量方法得出的相伴概率 p 值。在零假设成立的情况下，该 p 值统计量的大样本分布为均匀分布。

4.4 门槛回归模型的一致性检验

Hansen（1996）指出，当门槛效应存在时，门槛估计值 γ 与实际门槛值 γ_0 具有一致性，但是此时由于干扰参数的存在，会使渐进分布呈高度非标准分布，需要使用最大似然估计法来检验门槛值 γ 以求得统计量的渐进分布（孔东民，2007）。进行门槛值一致性检验的原假设为式（4.8）：

$$H_0: \gamma = \gamma_0 \qquad (4.8)$$

为了检验原假设，Hansen 构建的似然比统计量为式（4.9）：

$$LR_1(\gamma_0) = \frac{S_1(\gamma) - S_1(\hat{\gamma})}{\hat{\delta}^2} \qquad (4.9)$$

其中，$S_1(\hat{\gamma})$ 为原假设下估计得到的残差平方和，$\hat{\delta}^2$ 为原假设下估计得到的残差方差。此时统计量 LR_1 的分布也是非标准的，但 Hansen（2000）提供了一个简单的公式来计算其置信区间，即在显著性水平为 a 时，当 $LR_1(\gamma_0) > -2\ln(1-\sqrt{1-a})$ 时，拒绝原假设。一般地，当 a 在 5% 显著性水平下，LR 统计量的临界值为 7.35。

除了一个门槛值的检验程序外，为了确定是否存在两个或两个以上的门槛值，还必须进行两个门槛值的检验。如果拒绝 LM 检验，则表示至少存在一个门槛值，接着假设一个估计得到的 $\hat{\gamma}_1$ 为已知，再进行下一个门槛值 γ_2 的搜寻。在确定了两个门槛之后，继续进行三个门槛的检验，以此类推，直到无法拒绝零假设为止。多个门槛检验的原理与一个门槛的情况相同。

5 我国研发投入对经济增长的门槛效应研究

5.1 我国研发投入对经济增长存在门槛效应的可能性分析

5.1.1 我国研发投入与经济增长的关系研究现状

R&D 活动可以创造新的知识，通过持续不断的 R&D 活动，人类所拥有的知识越来越多，同时人类所拥有的技能也不断提高，使得人类进行生产的效率得到提高，相同的要素投入就会产生更多的产出，技术得以进步，经济得以发展。因此关于研发投入与经济增长关系的探讨一直都没有停止过。经济学家对 R&D 活动的研究始于熊彼特的创新理论，此后关于研发投入与经济增长关系的研究一直是经济学界广为关注的问题，在这方面进行研究的主要有 Solow、Romer、Griliches 和 Mansfield 等人，他们的研究丰富了对这个问题进行研究的理论基础。在研发投入与经济增长关系方面实证研究主要是以内生增长理论为指导，借助改进的柯布-道格拉斯（Cobb-Douglas，C-D）生产函数、超越对数生产函数等计量经济模型或者灰色关联模型测定科技投入对经济增长的贡献。Griliches（1979）最先使用C-D生产函数模型来估计R&D投入的产出弹性（任海云和师萍，2010）。此后众多学者都在这方面做了大量研究，如Griliches和Lichtenberg（1984）、Griliches（1986）、Lichtenberg（1992）、Eaton等（1999）等，这些实证研究的结果均表明研发投入可以促进生产力的提高。由于我国关于R&D的统计工作开始得较晚，导致我国学者对R&D投入的定量研究起步也较晚，但发展比较快，学者们基本从三个角度对两者之间的关系进行研究，第一种是从宏观角度出发，主要研究我国科技投入或者政府财政科技投入对经济增长或者全要素生产率的影响，如朱春奎（2004）利用协整和误差修正模型研究了1978—2000年我国财政科技投入与经济增长的关系，结果表明财政科技投入对经济增长的长期弹性为3.69，短期弹性为1.51；苏桉芳等（2006）利用VAR模型实证研究了1958—2004年我国财政科技投入与国内生产总值之间的关系，结果表明，在样本期内，R&D投入对GDP的长期弹性为1.402，短期弹性为0.1037；师萍、许治、张炳南（2007）利用1991—2004年我国政府公共R&D对企业R&D的效应问题，得出了政府公共R&D投入的杠杆效应大于挤出效应，政府向高校提供研发资助可能挤出企业R&D支出的结论；张优智（2014）的研究结果表明我国财政科技投入与经济增长之间具有非线性关系等。第二种是从区域角度出发，利用我国省份的面板数据研究两者之间的关系，如朱平芳（1999）实证研究了上海市全社会科技投入和国内生产总值的关系，结果表明1988—1996年上海市全社会R&D经费投入对国内生产总值的短期弹性为0.3547，长期弹性为0.9919，说明上海市的科技投入无论从长期还是短期来说都对其GDP具有积极的促进作用；陈利华等（2005）利用Panel Data模型对我国除西藏以外的其他省份科技投入的技术进步效应进行研究，结果表明科技投入对技术进步的作用是明显的，但是，由于区域自身条件的不同，科技投入所产生的技术进步效应具有明显的差异，发达地区资源配置对技术进步的影响较大，落后地区的资源配置作用不明显；赵海娟和程红莉（2007）研究了1998—2004年各区域R&D投入对专利受理量和高新技术产品出口额的影响，结果表明无论从专利受理量还是从高新技术产品出口额来看，东部地区都明显高于中西部地区，中部地区又高于西部地区；吕忠伟和李峻浩（2008）研究了1997—2005年我国各地区R&D投入与全要素生产率的关系，结果表明东部地区的R&D投入强度对TFP的增长率和技术进步具有正向促进作用，但中部和西部地区的R&D投入作用不显著；卢宁等（2010）的研究发现我国各地区自主创新资源投入水平差距显著，经济发达地区在自主创新资源投入上有比较优势，自主创新人才实现能力、自主创新价值实现能力和自主创新支撑发展能力与地区生产总值会呈负相关关系，自主创新支撑发展能力、自主创新辐射能力、自主创新网络能力对区域高技术产业发展具有显著的正向影响；卢方元和靳丹丹（2011）利用2000—2009年我国30个省份R&D投入与经济增长的相关数据研究了R&D投入与经济增长之间的长期均衡关系，结果表明R&D投入对经济发展具有明显的促进作用，R&D人员投入的产出弹性大于R&D经费投入的产出弹性；陈云和贺德方（2012）分析了我国各省份2000—2009年R&D经费支出占GDP比重的发展趋势，验证了我国不同省份的R&D经费支出强度与人均GDP正相关的关系；严成樑和龚六堂（2013）运用1998—2009年我国31个省份数据进行研究的结果表明R&D投入规模越大并不意味着经济增长越快，基础研究投入的增多更有利于促进我国经济增长，相对来说，高等院校R&D支出比科研机构和企业R&D支出能够更好地促进我国经济增长。第三种是从微观角度出发，利用相关企业的面板数据，研究在不同规模、所有制、行业等条件下技术进步在企业中的作用，如吴延兵（2008）运用中国四位数制造产业数据实证检验了市场结构、产权结构等因素对创新的影响；唐德祥和孟卫东（2008）运用面板数据模型考察了我国以R&D为基础的技术创新与产业结构优化升级的关系，结果显示R&D支出对产业结构优化升级具有显著的促进作用；赵新华和李晓欢（2009）的研究结果表明科技进步水平与产业结构优化升级具有长期的协整关系，科技进步对产业结构优化升级具有明显的促进作用，但我国现有的产业结构水平对科技水平不具有显著的促进作用；吴延兵和米增渝（2011）的研究表明合作创新企业的效率最高，模仿企业的效率次之，独立创新企业的效率再次之；吴延兵（2014）的研究表明混合所有制企业技术创新能力最强，国有企业技术创新能力最弱，私营企业具有专利创新优势，但其整体创新能力有待提高，外商投资企业创新投入少，但在新产品和劳动生产率上拥有显著优势。由于相关研究所使用的模型不同，样本数据的采用指标和计算方法不同，同时样本期间等方面都存在一定的差异，导致各研究成果的结论不尽相同，但是几乎所有的研究成果均表明我国 R&D 投入对经济增长具有积极的促进作用，其差异主要表现在这种作用的程度上。

5.1.2 我国研发投入与经济增长关系存在门槛效应的可能性分析

国外关于研发投入与经济增长关系的研究很多，并且这些研究基本形成了一个共识，那就是研发投入与经济增长之间密切相关，研发投入对促进经济增长具有积极的作用。Trajtenberg（1990）和 Romer（1994）的研究发现，一国的研发投入越多，其技术潜在能力就越大，就会产生更多的技术创新，而技术创新是一国经济发展的源泉。根据发达国家的经验，一个国家发展初期 R&D 强度一般在 0.5%～0.7% 之间，国际公认的经济起飞阶段 R&D 强度为 1.5%（江静，2006）。国际上通常采用 R&D 强度来衡量一个国家或地区对科学创造与创新能力给予资金支持的程度。改革开放以来，我国 R&D 强度从 1987 年的 0.61% 提高到 2013 年的 2.08%，这期间跨越了从经济发展初期到经济起飞的不同阶段。改革开放之后，我国 GDP 和 R&D 经费都发生了指数化的增长，通过对我国 GDP 和 R&D 经费增长率的计算，可以发现我国 GDP 和 R&D 经费的增长率也呈现出阶段性变化的特征，如图 5-1 所示。

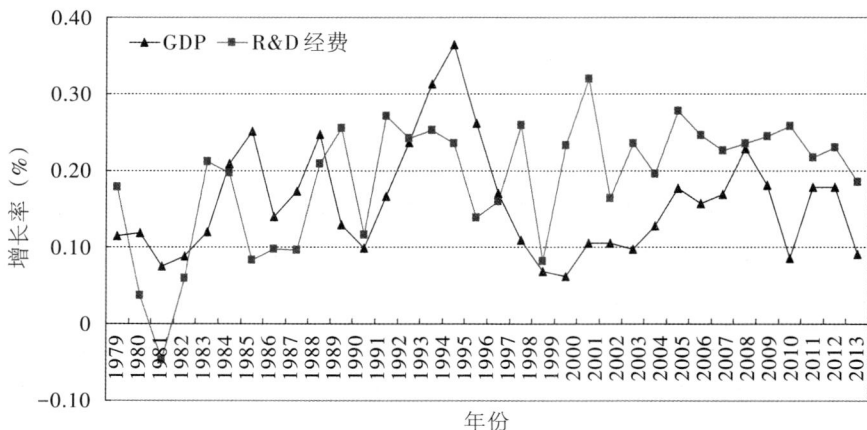

图 5-1　1979—2013 年我国 GDP 和 R&D 经费增长率的变化图

从图 5-1 可以看出 1996 年以前我国 GDP 的增长率要高于 R&D 经费的增长率，但 1994 年 GDP 在经历了一个高速增长之后出现了大幅滑落的现象，自此之后我国 R&D 经费的增长率就高于 GDP 的增长率了。上述分析都说明在我国经济发展的不同阶段，研发投入对经济增长的作用有可能存在阶段性变化的可能。考虑到改革开放以来，我国经济快速发展，R&D 投入增长迅速，与改革开放初期相比，我国进行研发活动的环境已经发生了变化，那么我国 R&D 投入与产出之间就有存在非线性关系的可能性。

同时在上一节关系我国创新投入与经济增长关系的研究综述中，也可以看出虽然国外的研究对创新投入与经济增长的关系已经形成共识，但是在我国两者之间的关系并没有形成统一的认识，在创新投入到底对经济增长发挥了多大作用这个问题上依然存在一定的分歧。而这一分歧的产生也有可能是因为我国研发投入与经济增长的关系并不是传统实证研究中的线性关系，如果忽视这一现象，依然采用线性计量模型进行实证研究，就有可能无法反映创新投入对经济增长影响的动态变化，使研究存在一定的局限性。

因此对这个问题的研究非常具有理论意义和实践意义。在理论方面主要包括三个方面：第一，确定我国 R&D 投入与产出之间是线性关系，还是由于经济的发展以及各方面因素的变化已经发生了"机制"的转变，变为非线性关系，对这个问题的研究直接关系到今后对相关问题进行研究时是应该继续使用线性模型，还是应该使用非线性模型进行描述，这是进行相关问题研究的前提条件，因此具有非常重要的理论价值；第二，如果我国 R&D 投入与经济增长的关系是非线性关系，那么我国 R&D 投入对经济增长作用机制发生转变的门槛在哪里，在门槛内外它们的关系发生了怎样的变化；第三，在此基础上以更简洁、更精确的模型反映我国 R&D 投入对经济增长的作用机制，有助于对这个问题有更深入、细致地了解，从而丰富和完善相关的 R&D 理论。其实践意义在于能够更准确地研究我国 R&D 投入对产出作用的规律、特点和不同的影响因素在不同阶段对研发投入产出关系影响的变化情况，能够动态、全面地反映这个变化过程，从而为我国未来制定更加有针对性的创新政策提供实证依据，为有效地利用自主创新转变我国经济发展方式做出应有的贡献。

5.2　门槛变量的选择

5.2.1　R&D 强度

从国际 R&D 投入对比情况可以看出，凡是经济发达国家都具有较高的 R&D 强度，科技创新对经济发展的支撑作用一直备受各国政府关注（Coldrick，2005；Lang，2009），特别是 2008 年全球金融危机爆发以来，各国都在强调以创新驱动的新的发展战略。要实施创新驱动，加大有目的的 R&D 活动，加大研发投入的力度是必不可少的，而 R&D 强度一般被用来衡量一个国家或者地区对科学创造与创新能力给予的资金支持的程度，因此选择 R&D 强度作为门槛变量来度量 R&D 投入力度的变化是否会影响 R&D 投入对经济增长作用的发挥。

5.2.2　产业结构

科学技术是产业结构演变的根本原因，产业的形成、分解和新兴产业的诞生都是技术进步的结果（师萍和张蔚虹，2008）。Scherer 在 1967

年最早通过实证研究分析了R&D强度与产业结构的关系，研究结果表明：产业结构的差异可以解释R&D强度的差异；Cohen和Levin（1989）指出，R&D强度约50%的差异可以从产业结构层面上得到解释。由此可见，产业结构与研发投入具有密切的关系，有目的、高效率的研发投入产生科技创新，不同产业的研发投入是不同的，这其实是竞争条件下的资源配置问题，资源总是流向使用效率高的部门，从而使这些部门产生更多的科技创新，最终使产业结构发生改变。而一个国家产业结构又会对R&D投入产生直接的影响，Iorweth（2005）的研究表明R&D强度差别的1/4~1/3可以由产业结构的差异加以解释；Griffith和Harrison（2003）则认为英美之间几乎所有的R&D强度差别都可以由部门间的差异来解释；Abramovsky、Harrison和Simpson（2004）、Jaumotte和Pain（2005a，2005b）等的研究也都证明了这一结论，由此可见研发投入与产业结构之间的作用是相互的。罗斯托（1962）就指出，产业结构演进是一个经济增长对技术创新的吸收以及主导产业经济部门依次更替的过程。刘伟等（2002）的研究指出，在一定的技术条件下，一个经济通过专业化和社会分工会形成一定的产业结构，而产业结构在一定意义上又决定了经济的增长方式。不同产业的创新投入力度是不同的，Cohen等（1987）研究发现，产业间R&D强度差别的大约50%可以用标准的产业特征来解释，一般认为第二、第三产业R&D强度显著高于第一产业；制造业内部，医药、通信、化工、航空等行业的R&D强度显著高于食品、服装、普通机械等行业；第三产业中的教育、科学研究和综合技术服务业的R&D强度高于制造业（周彩霞，2006）。在我国经济迅速发展的过程中，产业结构也在不断调整，各产业产值在国民经济中的比重也发生着变化。我国三大产业的变化情况如图5-2所示。

从图5-2可以看出，改革开放以来我国第三产业发展较快，其在国内生产总值中所占比重从早期的20%左右，上升到现在的45%以上，与此同时我国第一产业在GDP所占比例却从过去的30%左右下降到现在只有大约10%，在这个过程中第二产业在GDP中所占比例的变化不大，一直在40%~50%之间波动。由于不同产业对研发投入的力度和吸收能力都有所不同，产业结构的变化有可能影响R&D投入对经济增

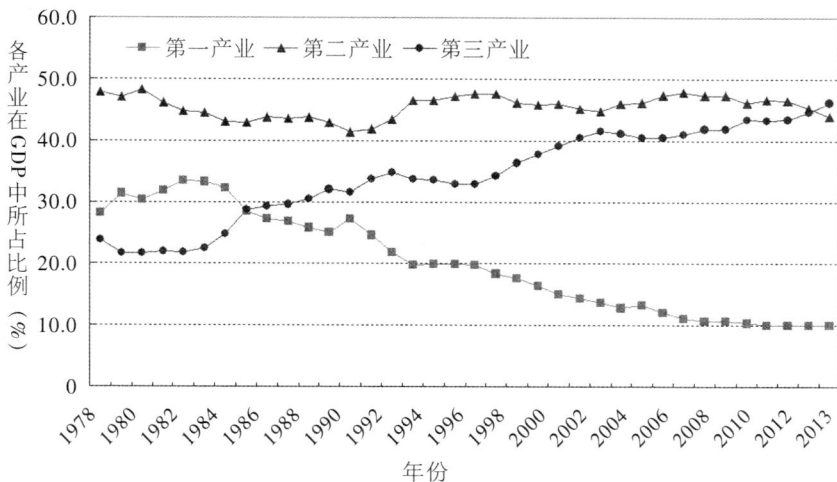

图5-2　1978—2013年我国产业结构的变化图

长作用的发挥，而目前虽然关于产业结构对经济增长影响的研究较多，但是关于产业结构变化如何在不同的阶段影响创新投入对经济增长作用的研究则很欠缺，因此本书选择产业结构作为门槛变量来研究产业结构的变化是否会影响R&D投入对经济增长作用的发挥。

本书选择2000年Hansen提出的门槛回归方法，以变量为体制（Regime）改变的转折点，从R&D强度、产业结构两个角度研究了创新投入作用于经济增长过程中的阶段性变化特点。

5.3　模型的设定

和大多数文献一样，本书在测算各投入要素对经济增长影响时都采用柯布-道格拉斯（C-D）生产函数，该模型如式（5.1）所示：

$$Y = AK^{\alpha}L^{\beta} \tag{5.1}$$

其中，Y表示总产出，K表示资本要素的投入，α表示资本投入的产出弹性，L表示劳动要素的投入，β表示劳动投入的产出弹性，A表示科技进步系数，代表除物质资本和劳动投入之外的其他所有影响产出的要素。设$\alpha + \beta = 1$，将Y和K分别除以L，即：设$y = \dfrac{Y}{L}$，$k = \dfrac{K}{L}$，式（5.1）转变为式（5.2）：

$$y = Ak^{\alpha} \tag{5.2}$$

其中，α 表示劳均资本投入的产出弹性，引入 R&D 投入作为新的生产要素，形成改进后的 C-D 生产函数，如式（5.3）所示：

$$y = Ak^{\alpha}rd^{\gamma} \tag{5.3}$$

其中，rd 表示 R&D 资本投入，γ 表示 R&D 资本投入的产出弹性，对式（5.3）进行线性转化，并设 a=LnA，得到式（5.4）：

$$Lny = a + \alpha Lnk + \gamma Lnrd \tag{5.4}$$

将式（5.4）转换为经济计量模型，则为式（5.5）[①]：

$$Lny_t = \beta_0 + \beta_1 Lnk_t + \beta_2 Lnrd_t + \mu_t \tag{5.5}$$

其中，μ_t 表示随机误差项。

将基本线性回归模型（5.5）转换为在 Hansen（2000）两体制下的门槛回归模型可以表示为式（5.6）：

$$Lny_t = (\beta_{10} + \beta_{11}Lnk_t + \beta_{12}Lnrd_t)I\{q_t \leq \gamma\} + (\beta_{20} + \beta_{21}Lnk_t + \beta_{22}Lnrd_t)I\{q_t > \gamma\} + e_t$$
$$\tag{5.6}$$

5.4 数据来源及相关检验

5.4.1 数据来源

本书研究的样本期为 1978—2013 年，数据均来自各年的《中国科技统计年鉴》、《中国统计年鉴》和《新中国 60 年统计资料汇编》。其中总产出用国内生产总值（GDP）表示，为了去除价格因素的影响，在此利用以 1978 年为基期的 GDP 平减指数对其进行平减处理；资本要素的投入量使用永续盘存法计算了资本存量（具体过程参见第 4 章）；劳动要素的投入量使用年底职工人数表示；由于 R&D 投入是一个不断积累的过程，因此 R&D 资本投入没有选取 R&D 流量来表示，而是选取 R&D 资本存量来表示。由于汉森（Hansen）的门槛回归方法要求变量是平稳

---

① 经济系统是一个复杂的系统，影响经济增长的要素有很多，但是考虑到本研究的样本期有限，进行门槛回归后样本会更少，太多的变量必然会导致模型自由度下降，影响模型的估计效果，因此本书在模型中只考虑了资本、劳动和技术这三个要素，而没有增加其他控制变量。

的，同时也为了消除时间序列数据中存在的异方差现象，本书首先对数据取对数，然后进行了平稳性检验，其平稳性检验的结果如表5-1所示。

表5-1   变量的平稳性检验结果

变量	检验类型（c，t，k）	ADF统计量	1%临界值	5%临界值	10%临界值	结论
Lngdp	（0，0，0）	−1.8069	−2.6392	−1.9517	−1.6106	平稳
Lnk	（0，0，1）	−0.6645	−2.6392	−1.9517	−1.6106	不平稳
Lnrd	（c，t，0）	−1.0354	−4.2733	−3.5578	−3.2124	不平稳
dLnk	（c，t，0）	−4.3745	−4.2733	−3.5578	−3.2124	平稳
dLnrd	（c，t，0）	−4.7261	−4.2733	−3.5578	−3.2124	平稳

注：（1）检验形式中的c和t表示常数项和趋势项，k表示滞后阶数。

（2）ADF检验的临界值来自软件Eviews6.0。

根据表5-1变量平稳性检验的结果，选取各变量的一阶差分作为回归变量，分别用dLngdp、dLnk、dLnrd表示。

根据上面的分析，本研究选择R&D强度这个相对指标作为门槛变量，同时根据相关研究第二产业和第三产业的R&D强度要大于第一产业，为了研究产业结构变化是否会影响创新投入对经济增长作用的发挥，本研究分别拟选取第二产业和第三产业在国民经济中所占比重作为门槛变量，但是考虑到第二产业包括工业和建筑业，建筑业所占比重较小，且属于资本推动型产业，在我国提出从"中国制造"到"中国创造"的背景下，工业结构的变化所引致的创新对经济增长影响的变化更具有实际的研究价值，因此本研究最终选取第三产业占GDP的比重和工业占GDP的比重这两个相对指标作为门槛变量。考虑到门槛变量的外生性问题，本书使用R&D强度的滞后一期作为门槛变量进行回归。

5.4.2 门槛效应检验

本书使用汉森（Hansen）的门槛效应检验方法，通过"自助抽样法"计算 p 值，次数为 2 000 次，模型（5.6）进行 LM 检验的结果如表 5-2 所示：

表 5-2 　　　　　　　　　　LM 非线性检验结果

门槛变量	第一个门槛			第二个门槛		
	LM	P 值	阈值	LM	P 值	阈值
R&D 强度	9.721	0.032	0.732	8.928	0.016	0.853
工业占 GDP 比重	9.745	0.044	0.387	4.994	0.536	—
第三产业占 GDP 比重	16.927	0.000	0.348	6.750	0.351	—

从表 5-2 的检验结果可知，模型（5.6）在 5% 的显著性水平上拒绝了 R&D 强度不存在第一个门槛和第二个门槛的零假设[①]，R&D 强度的门槛值分别为 0.732% 和 0.853%；模型（5.6）在 5% 的显著性水平上拒绝了工业占 GDP 比重不存在第一个门槛的零假设，但接受了其不存在第二个门槛的零假设，工业占 GDP 比重的门槛值为 38.7%；模型（5.6）在 1% 的显著性水平上拒绝了第三产业占 GDP 比重不存在第一个门槛的零假设，但接受了其不存在第二个门槛的零假设，第三产业占 GDP 比重的门槛值为 34.8%。

5.5　实证研究

5.5.1　门槛效应回归

本书利用汉森（Hansen）的门槛回归方法，分别以 R&D 强度、工业占 GDP 比重和第三产业占 GDP 比重为门槛变量，对模型（5.6）进行回归。最小二乘法和以 R&D 强度为门槛变量的回归结果如表 5-3 所示。

---

① 虽然检验结果表示 R&D 强度已经存在两个门槛，应该继续进行第三个门槛的检验，但是考虑到样本量较小，在此不再进行第三个门槛的检验。

表5-3　　　　OLS和以R&D强度为门槛变量的门槛回归结果

变量	OLS	门槛变量		
		R&D强度≤0.732%	0.732%<R&D强度≤0.853%	R&D强度>0.853%
c	−0.106 (−1.394)	0.236 (1.365)	−0.338*** (−3.565)	−0.201*** (−3.137)
dLnk	−0.015 (−0.112)	0.828*** (4.016)	−0.375* (−2.038)	−0.503** (−2.477)
dLnrd	0.640*** (4.473)	0.244 (1.527)	0.868*** (7.447)	0.899*** (7.901)
R^2	0.986	0.986	0.993	0.999
样本数	34	13	8	13

注：参数估计值下面括号里的数值表示t检验值，*、**、***分别代表参数估计值在1%、5%、10%水平上显著。

从表5-3的回归结果可以看出，当R&D强度小于等于第一个门槛时，资本投入增长对经济增长的作用显著为正，R&D资本投入增长对经济增长的作用不显著，这说明当R&D强度较低时，促进经济增长的主要原因是资本深化；当R&D强度越过第一个门槛时，资本投入增长对经济增长的作用显著为负，R&D资本投入增长对经济增长的作用则显著为正，越过第二个门槛后，资本投入增长对经济增长的作用依然显著为负，而且弹性越来越小，但R&D资本投入增长对经济增长的作用显著为正，且弹性较前一个门槛有所提高，这说明随着R&D强度的增大，资本投入增长对经济增长的作用越来越小，甚至为负，而R&D资本投入增长对经济增长的作用却越来越大。相对来看，最小二乘法估计的结果表现为其平均影响，即资本投入增长对经济增长的影响不显著，R&D资本投入增长对经济增长的影响显著为正，这一结果无法反映资本投入增长和R&D资本投入增长对经济增长作用的阶段性变化特点。

分别使用工业占GDP比重和第三产业占GDP比重为门槛变量对模型（5.6）进行门槛回归，其回归结果如表5-4所示。

表5-4　　以工业和第三产业占GDP比重为门槛变量的回归结果

变量	工业占GDP比重		第三产业占GDP比重	
	工业比重≤38.7%	工业比重>38.7%	第三产业比重≤34.8%	第三产业比重>34.8%
c	0.150 (0.757)	−0.215*** (−2.951)	−0.071** (−2.695)	0.444** (2.514)
dLnk	0.390 (1.341)	−0.367** (−2.305)	0.635*** (8.853)	0.326 (1.083)
dLnrd	0.338 (1.713)	0.844*** (8.860)	0.502*** (15.970)	0.310 (1.572)
R^2	0.995	0.988	0.991	0.998
样本数	10	24	19	15

注：参数估计值下面括号里的数值表示t检验值，*、**、***分别代表参数估计值在1%、5%、10%水平上显著。

从表5-4模型回归的结果可以看出，工业占GDP比重低于门槛值时，无论是资本的增长，还是R&D资本的增长对经济增长的作用均不显著，但是越过门槛后，两者对经济增长的作用均显著为正；第三产业占GDP比重变化带来的影响正好与工业占GDP比重变化带来的影响相反，在第三产业占GDP比重低于门槛值时，无论是资本投入增长，还是R&D资本投入增长对经济增长的作用均显著为正，但是当其越过门槛后这两个要素的作用均变为不显著。

5.5.2　回归结果分析

以R&D强度为门槛变量的回归结果表明，当R&D强度小于第一个门槛时，资本投入增长会显著地促进经济增长，R&D资本投入增长的作用不显著，但是当R&D强度越过第一个门槛后，资本投入增长的作用显著为负，而且随着其越过第二个门槛弹性越来越小；与此同时，R&D资本投入增长的变化正好相反，当其小于第一个门槛时，R&D资本投入增长的作用不显著，越过第一个门槛后其作用显著为正，并随着R&D强度越过第二个门槛，其弹性越来越大。由此可见，在越过第一个门槛后，促进经济增长的主要因素已经由资本的增长转变为 R&D 资本的增长，而且其作用随其越过第二个门槛在不断加强。这一结果一方面说明在 R&D 强度不断增长的过程中，通过不断加大资本投入促进经济增长的发展模式不具有可持续性，转变经济增长模式已经迫在眉睫；另一方面也充分证实了 Arrow（1962）提出的观点，即在时点 t 的技术水平与在此之前该国整体的投资积累额有关。创新投入必须要经过充分的积累，当其积累达到一定程度后，才可能发生量变到质变的转化，进而发挥其促进经济增长的作用。

在这个过程中，产业结构也会随着经济不断增长而发生相应的规律性变化，主要表现为三次产业比重沿着第一、二、三产业的顺序不断上升（付凌晖，2010），一般观点认为第二、三产业 R&D 强度显著高于第一产业，第三产业中的教育、科学研究和综合技术服务业的 R&D 强度高于制造业（周彩霞，2006），是不是第二、三产业的比重越大，越能促进创新对经济增长的作用呢？以工业占 GDP 比重为门槛变量的回归表明，随着工业比重越过门槛值，R&D 资本投入增长对经济增长的作用由不显著变为显著，其弹性为 0.844，这说明国民经济中工业所占比重的增长，可以促进创新投入对经济增长的作用。根据国家统计局1985 年对三次产业的划分，第二产业的工业包括采掘业、制造业等产业，其中在创新方面比较显著的高新产业，绝大多数属于工业，针对高新产业的相关研究均表明该产业 R&D 强度较大，R&D 投入对经济增长的作用也较大，同时在工业中占较大比例的制造业在参与国际竞争，努力从"中国制造"走向"中国创造"的道路上，无论从国家、产业层面，还是企业层面都具有加大科技投入力度，提高科技投入效率，创造经济效益的需求和能力，因此，工业比重的增加，使得能够更好发挥创新作用的高新产业和制造业的比重增大，从而使得创新投入可以促进生产力水平的提高，更好地促进经济的发展，这是随着工业比重越过门槛后 R&D 资本投入增长对经济增长作用增大的主要原因。

以第三产业占 GDP 比重为门槛变量的回归结果表明，当第三产业比重小于等于门槛值时，R&D 资本投入增长对经济增长的作用显著为正，其弹性为 0.502，但是当其越过门槛后，R&D 资本投入增长对经济增长的弹性由显著变为不显著。这说明第三产业在国民经济中比重的增长，并没有促进创新投入对经济增长的作用。本书认为这一结果背后的产生机制主要是由第三产业内部构成决定的。根据国家统计局的规定，第三产业主要包括仓储和邮政业、零售业、餐饮业、金融业、房地产业和其他产业等，其中其他产业包括了教育、文化、科学研究等部门，以及为社会公共需要服务的国家机关、政府机关等部门。在第三产业比例扩大的过程中，其内部各个产业的增长是不平衡的，图5-3为1978—2013年第三产业比重的变化及其内部构成比例的变化①。

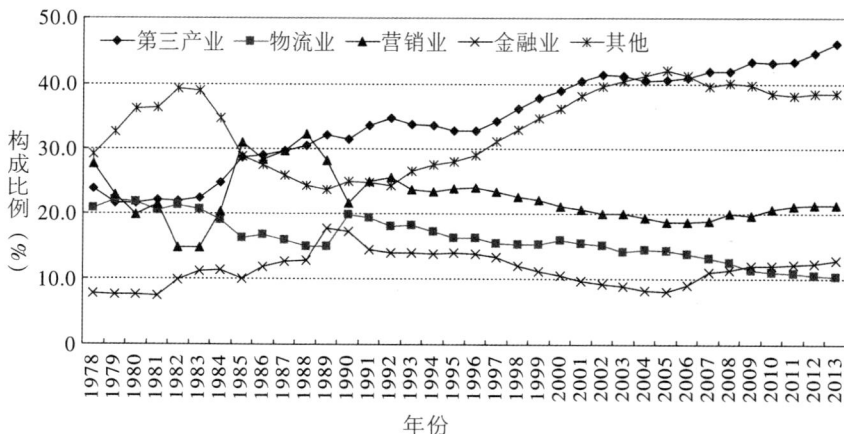

图5-3　1978—2013年第三产业及其内部构成比例的变化

从图5-3可以看出，在第三产业越过门槛值的绝大多数时间里，增长幅度最大的是其他产业，相对来看，交通运输、仓储和邮政业、批发和零售业及金融业的比重变化并不大，由此可知我国第三产业比重增大的主要原因是由于其他部门的快速增长。

根据熊彼特的创新理论，经济的变革与增长归因于创新活动，而这些创新本身则来自R&D活动，相关研究也表明第三产业R&D强度高于制造业，从第三产业的构成来看，第三产业R&D强度高的主要原因是教育、科学研究和综合技术服务业的R&D活动较多，R&D强度较大，

---

① 从第三产业内部构成来看，房地产业、住宿及餐饮业所占比重较小，变化也很小，同时这些产业进行创新的概率相对于其他产业也较小，为了便于比较，图6-3没有包括这两个产业。同时由于图例名称长度的限制，在此将交通运输、仓储和邮政业统称为物流业，将批发和零售业统称为营销业。

但是这些部门所进行的或者是基础研究，或者是不直接面向市场的其他研究。基础研究转化为生产力需要较长的周期，由于这些部门不直接面向市场，其研究成果有一部分可能不是市场最需要的，这些成果有可能被束之高阁，有市场需要的研究成果也必须通过其他产业，如工业部门进行转化，才能成为生产力，促进经济增长，而这受制于是否有与之配套的产业部门及成果转化渠道是否畅通等因素。这些原因可能导致这些部门虽然有较高的 R&D 强度，但这些活动的创新效率并不高，从而导致 R&D 资本投入增长对经济增长的弹性由显著变为不显著，同时由于第三产业相关部门的一些研发成果需要工业部门进行成果转化，这也可能是随着工业比重增大，R&D 资本投入增长对经济增长作用增大的一个影响因素；同时在其他部门中还包括创新能力较弱却日益庞大的国家机关和政府机关等部门，这些因素的共同作用使得虽然第三产业比重在增长，R&D 活动在增加，R&D 强度在增大，但是 R&D 资本投入增长对经济增长的作用却由显著变为不显著。因此，为了充分发挥 R&D 活动对经济增长的推动作用，迫切需要解决我国科技成果商业化转化的渠道中存在的问题，同时压缩政府机构，提高政府机构的工作效率。

5.6　结论和对策

本研究利用 Hansen（2000）门槛回归方法，以 R&D 强度、工业占 GDP 比重和第三产业占 GDP 比重为门槛变量，研究了 R&D 资本投入增长对经济增长的阶段性变化特征，结果显示随着 R&D 强度越过门槛值，R&D 资本投入增长对经济增长的产出弹性由不显著变为显著为正，且逐渐增大；随着工业占 GDP 比重越过门槛值，R&D 资本投入增长对经济增长的作用由不显著变为显著为正，相反，随着第三产业占 GDP 比重越过门槛，R&D 资本投入增长对经济增长的作用由显著为正变为不显著，该研究能够更全面地反映创新投入对经济增长作用的动态变化，对于相关部门根据我国经济发展不同阶段的创新特点，制定更加具有针对性的科技创新政策，促进我国经济发展具有重要的现实意义。

根据以上研究结果，本书认为创新促进经济增长的过程是一个不断积累的过程，只有当创新投入积累到一定程度，才能实现量变到质变的转变，促进经济增长。从现阶段来看，加大科技研发投入力度依然是促进我国经济可持续发展的必要途径。但是一味单纯地强调加大 R&D 强度也是不科学的，早在 1949 年库兹尼茨（Kuznets，1949））论述国民收入的度量问题时就提出，一个国家国民收入的度量必须从产业结构的角度去衡量，而一个经济的产业结构又是由其生产方式所决定的（刘伟，2002）。中共十七大报告中明确提出了"转变经济发展方式"的方针，"十二五"规划也强调要深化改革开放、加快转变经济发展方式，要依靠科技创新推动产业结构调整，这体现了我国经济发展的思路，因此在探讨创新对经济增长影响的时候，必须考虑与之相伴随的产业结构调整对创新的影响。随着我国工业比重的加大，科技投入增长对经济增长的作用在加大，但随着第三产业比重的增大，科技投入对经济增长的作用却在减小。目前我国 R&D 强度尚未超过 2%，根据国际比较研究的结果，尚处于工业化中期阶段，在这个阶段产业结构迅速向技术密集和资本密集的方向调整，并对先进技术有较强的消化与吸收能力（周彩霞，2006），因此加大工业的科技研发投入力度对促进经济发展、提高核心竞争力是非常重要的，我国相关科技政策的调整也鼓励企业加大研发力度，近几年我国 R&D 经费中企业经费所占比例在不断增大也是这一政策的体现。但是由于基础研究周期长，风险大，而且具有公用品的性质，企业自身的商业特点决定了其在研发过程中，会将大多数经费用于试验发展研究，其次是应用研究，最后才是基础研究，基础研究的不足使企业原创性研发比例较低，从长远来看将制约企业今后的发展。因此国家在鼓励企业加大研发投入力度的同时，应该出台相关政策引导或鼓励企业加大基础研究的投入比例，提高其核心竞争力，并继续支持高校和科研机构进行相应的基础研究，促进"产学研"结合。

我国产业结构调整思路中强调要提高第三产业的比重，特别是服务业在国民经济中所占的比重。从目前我国经济发展的情况来看，第三产业的比重得到了提高，但是主要是教育、文化、科研机构和国家机关比重增长较快，而金融业、交通运输业等服务行业的比重并没有太多的变化，同时刘伟等（2002）的研究成果表明，第三产业的发展必须以第一和第二产业的发展为前提，一味地扩大第三产业在国内生产总值中的比重，也就是单方面强调发展第三产业，会使经济步入衰退。因此如何协调第三产业的增长，使其能够促进创新对经济增长的作用是一个难题。这就要求国家平衡各个产业的发展，第三产业的发展一定要与第一产业和第二产业的发展相匹配，发展第三产业不仅仅是要做大，更重要的是要做强，特别是服务业，要更加注重提高其创新能力；与此同时，要开辟有效的渠道，比如加大"产学研"结合的力度，促进高校和科研院所的成果能够及时、高效地转化为生产力，作用于经济系统。虽然实证结果表明高校和科研院所等部门较高的R&D投入并没有对经济增长发挥应有的作用，是从长远来看，即使R&D资本投入增长无法直接作用于经济增长，但其依然可以通过促进知识积累，或者通过"干中学"等方式间接作用于经济系统中，最终通过其他方式促进经济增长，保障经济的可持续发展，这是非常重要的。因此在进行产业结构调整，提高第三产业比重的同时，要特别注意其内部的结构变化，促进产学研结合，提高研究成果商业化转化效率是急待解决的问题。

6 我国研发投入对创新产出的门槛效应研究

6.1 问题的提出

内生经济增长理论认为技术进步和创新是一个国家经济发展的推动力，实现技术进步和创新的一个重要途径就是进行研发活动。但是，研发活动是一项存在着较高风险和不确定性的科研活动，它需要持续的资金支持和人员的不断付出，在反复试验的基础上才有可能产生创新成果，因此，研发活动产生创新成果的过程，同时也是知识不断积累和"干中学"的过程，随着资金的持续投入和人员素质的不断提高，产出的效率也在不断地提高。在国家提出转变经济发展模式，以科技进步促进经济发展的过程中，我国R&D经费的投入在不断增加，已经从1987年的74.03亿元上涨到了2013年的11 846亿元，扣除物价上涨因素，提高了44倍多，R&D强度也从1985年的0.68%增长到2013年的2.08%。根据发达国家的经验，一个国家发展初期

R&D 强度一般在 0.5%~0.7% 之间，国际公认的经济起飞阶段 R&D 强度为 1.5%（江静，2006）。在这种背景下，我国 R&D 经费的积累是否已经实现了从量变到质变的转变，即我国 R&D 经费的投入是否已经越过了一个门槛，使得我国科技创新体系的产出机制发生转变了呢？如果存在这个门槛，我国科技创新体系中投入产出之间就是非线性关系。

对我国科技创新体系中投入产出之间是否存在非线性关系的研究主要基于理论的可能性和现实的可能性两方面的考虑。早期的文献在研究我国 R&D 投入与产出关系时，大多采用线性模型（如朱平芳和徐伟民，2005；吴延兵，2006；刘和东，2007 等），这可能与我国科技数据的统计工作开展较晚，同时我国 R&D 经费投入水平一直相对较低有直接的关系。但是，Arrow（1962）提出，在时点 t 的技术水平与在此之前该国整体的投资积累额有关。因此随着 R&D 经费的不断投入，知识的不断积累，劳动者在"干中学"中也积累了大量的经验，产出效率越来越高，当知识积累到一定程度时，就有可能使 R&D 投入实现从量变到质变的转变，对经济发展产生更大的促进作用，因此，我国科技创新体系中投入产出之间存在非线性关系具有理论上的可能性。

改革开放以来，作为 R&D 产出成果之一的专利在我国增长很快，1985—2013 年我国专利申请量及其增长率如表 6-1 所示。

表 6-1　　　　1985—2013 年我国专利申请量及其增长率

年份	专利申请量（件）	专利增长率（%）	年份	专利申请量（件）	专利增长率（%）
1985	14 372		2000	170 682	27.15
1986	20 225	40.72	2001	203 573	19.27
1987	26 077	28.94	2002	252 631	24.10
1988	34 011	30.43	2003	308 487	22.11
1989	32 905	-3.25	2004	353 807	14.69

续表

年份	专利申请量（件）	专利增长率（%）	年份	专利申请量（件）	专利增长率（%）
1990	41 469	26.03	2005	476 264	34.61
1991	50 040	20.67	2006	573 178	20.35
1992	67 135	34.16	2007	693 917	21.07
1993	77 276	15.11	2008	828 328	19.37
1994	77 735	0.59	2009	976 686	17.91
1995	83 045	6.83	2010	1 222 286	25.15
1996	102 735	23.71	2011	1 633 347	33.63
1997	114 208	11.17	2012	2 050 649	25.55
1998	121 989	6.81	2013	2 377 061	15.92
1999	134 239	10.04	平均值		20.46

数据来源：《新中国60年统计资料汇编》及历年的《中国科技统计年鉴》。

1985—2013年我国专利申请量的年均增长率达到20.46%，这个速度在世界范围内也是非常令人瞩目的，表6-2为1985—2013年世界前五大专利申请国（组织）的专利申请量数据。

表6-2　　　　1985—2013年世界前五大专利申请国（组织）的

专利申请量数据　　　　　　（单位：件）

年份	中国	美国	日本	韩国	欧洲专利局
1985	8 558	115 235	299 851	10 585	36 916
1986	8 009	120 916	316 162	12 755	41 342
1987	8 059	131 837	336 884	17 057	45 069
1988	8 859	143 836	335 759	20 051	49 774
1989	9 659	158 707	345 140	23 315	55 774
1990	10 137	171 163	360 704	25 820	60 754
1991	11 423	172 115	361 590	28 133	55 984

续表

年份	中国	美国	日本	韩国	欧洲专利局
1992	14 409	183 347	362 197	31 073	58 896
1993	19 618	184 196	355 500	36 493	56 974
1994	19 067	202 755	341 201	45 712	57 842
1995	18 699	228 142	368 831	78 499	60 559
1996	22 742	211 946	376 674	90 326	64 035
1997	24 774	220 496	401 618	92 684	72 904
1998	47 396	236 979	402 095	75 233	82 087
1999	50 044	265 763	404 457	80 642	89 359
2000	51 906	295 895	419 543	102 010	100 692
2001	63 450	326 471	440 248	104 612	110 027
2002	80 232	334 445	421 805	106 136	106 243
2003	105 317	342 441	413 093	118 651	116 604
2004	130 384	356 943	423 081	140 115	123 701
2005	173 327	390 733	427 078	160 921	128 713
2006	210 501	425 966	408 674	166 189	135 231
2007	245 161	456 154	396 291	172 469	140 763
2008	289 838	456 321	391 002	170 632	146 150
2009	314 604	456 106	348 596	163 523	134 580
2010	391 177	490 226	344 598	170 101	150 961
2011	526 412	503 582	342 610	178 924	142 793
2012	652 777	542 815	342 796	188 915	148 560
2013	825 136	571 612	328 436	204 589	147 987

数据来源：WIPO statistics database，October 2014。

从表6-2可见，1985年我国的专利申请量在这五个国家（组织）中是最少的，但是到了2011年就成为这五个国家（组织）中专利申请量最多的国家，图6-1可以更形象地反映这一变化。

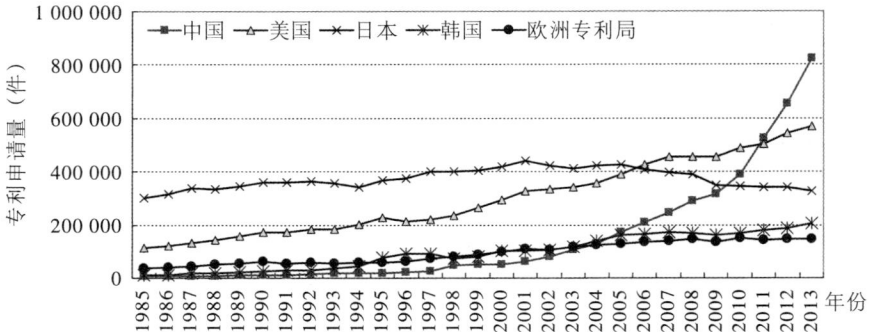

图6-1 1985—2013年世界前五大专利申请国（组织）申请量变化图

从图6-1可以看出，1985—2003年我国一直是这五大专利申请国国家（组织）中申请量最少的国家，在2004年中国专利申请超过了欧洲专利局，2005年超过了韩国，2010年超过了日本，2011年超过了美国，从而成为世界上最大的专利申请国，说明我国专利申请量的增长速度是非常快的，这五个国家（组织）专利申请量的增长速度如表6-3所示。

表6-3 　　　　1986—2013年世界前五大专利申请国（组织）

的专利申请量增长率（%）

年份	中国	美国	日本	韩国	欧洲专利局
1986	-6.42	4.93	5.44	20.50	11.99
1987	0.62	9.03	6.55	33.73	9.02
1988	9.93	9.10	-0.33	17.55	10.44
1989	9.03	10.34	2.79	16.28	12.05
1990	4.95	7.85	4.51	10.74	8.93
1991	12.69	0.56	0.25	8.96	-7.85
1992	26.14	6.53	0.17	10.45	5.20
1993	36.15	0.46	-1.85	17.44	-3.26

续表

年份	中国	美国	日本	韩国	欧洲专利局
1994	-2.81	10.08	-4.02	25.26	1.52
1995	-1.93	12.52	8.10	71.73	4.70
1996	21.62	-7.10	2.13	15.07	5.74
1997	8.94	4.03	6.62	2.61	13.85
1998	91.31	7.48	0.12	-18.83	12.60
1999	5.59	12.15	0.59	7.19	8.86
2000	3.72	11.34	3.73	26.50	12.68
2001	22.24	10.33	4.94	2.55	9.27
2002	26.45	2.44	-4.19	1.46	-3.44
2003	31.27	2.39	-2.07	11.79	9.75
2004	23.80	4.23	2.42	18.09	6.09
2005	32.94	9.47	0.94	14.85	4.05
2006	21.45	9.02	-4.31	3.27	5.06
2007	16.47	7.09	-3.03	3.78	4.09
2008	18.22	0.04	-1.33	-1.07	3.83
2009	8.54	-0.05	-10.85	-4.17	-7.92
2010	24.34	7.48	-1.15	4.02	12.17
2011	34.57	2.72	-0.58	5.19	-5.41
2012	24.00	7.79	0.05	5.58	4.04
2013	26.40	5.31	-4.19	8.30	-0.39
平均值	18.94	5.98	0.41	12.10	5.27

数据来源：根据WIPO统计数据库中数据计算得到。

从表6-3可见，中国专利申请量在2000年之前处于不断波动的状态中，2000年之后，其增速普遍在20%以上，增长速度非常快，达到年均18.94%；韩国的专利申请增长速度排名第二，但其与中国的情况似乎正好相反，其在2000年前的增长速度较快，基本接近20%，但2000年之后其专利的申请速度明显趋缓，其年均增长速度为12.1%；美国的专利申请增长速度排名第三，美国的专利申请增长速度一直相对比较稳定，没有大的波动，年平均为5.98%；欧洲专利局排名第四，其增长率的变化也不是特别大，年平均为5.27%；日本排名第五，其专利申请量的增长速度一直不是很高，近几年还有下降的趋势，导致其年均增长率为0.41%。由于中国是这几个专利申请大国（组织）中增长速度最快的，经过30多年的努力终于在2011年一跃成为世界第一大专利申请国。我国专利申请量增长如此之快是与我国改革开放后经济快速增长、研发投入大幅增长、R&D强度迅速提高分不开的，两者之间存在很强的正相关关系，但是，这种正相关关系到底是线性的，还是非线性的并没有定论。从严格意义上讲，我国专利申请量的增长是一种指数化增长，这就为我国科技创新体系中投入产出之间存在非线性关系提供了现实的可能性。

基于以上分析，本研究认为我国科技创新体系产出机制有可能发生了转变，即投入和产出之间存在非线性关系。如果这一假设成立，在实证研究中依然将它们作为一个连续的时间序列进行线性研究，将使研究成果存在一定的缺陷，从而抹杀我国科技创新体系在不同发展阶段的特殊性，无法反映其发展的特点，也就无法制定出更有针对性的科技政策，这将不利于我国科技创新能力的提高。因此，对这个问题的研究具有重要的理论意义和现实意义。

6.2 我国科技创新体系投入产出现状分析

改革开放至今，我国科技创新体系中投入产出增长一直都很快。从科技产出角度来看，一般用于衡量创新成果的指标是专利申请量，1985年我国专利申请量约为1.437万件，2013年达到237.71万件，增长了约165倍；从科技投入角度来看，1985年我国R&D经费投入为61.55亿元，2013年这个数字达到了11 846.6亿元，增长了约192倍，扣除物价上涨因素，大约增长了44倍，R&D人员全时当量则从1985年的33.81万人年，增长到2013年的353.3万人年，增长了约10倍。其中专利申请量和R&D经费的增长情况如图6-2所示。

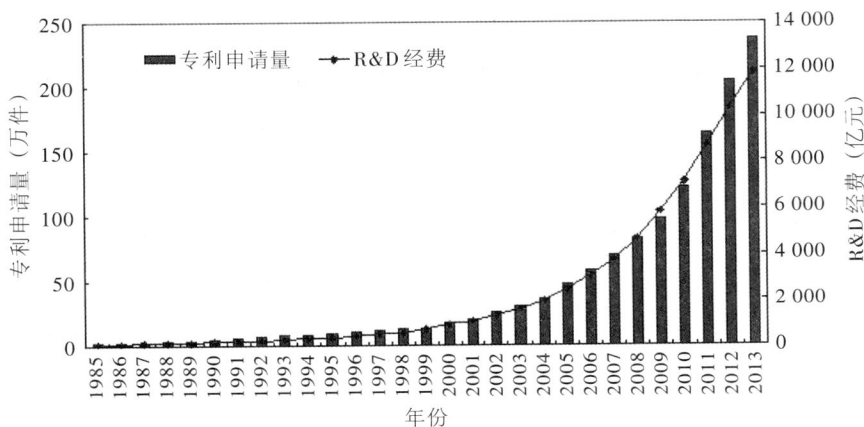

图6-2　1985—2013年中国专利申请量和R&D经费数据变化

图6-2清晰地表明，无论是专利申请量，还是R&D经费在此期间内都呈现出指数化增长的特征，特别是在2000年之后，这种变化更加明显。为了更好地反映这些指标的变化特点，本书以1985年为基期，对1986—2013年我国专利申请数量、R&D经费和R&D人员投入增长率分别进行计算，结果如表6-4所示。

表6-4　　　　　1986—2013年我国专利申请量、R&D人员和

R&D经费的增长率（%）

年份	专利申请量	R&D人员	R&D经费	年份	专利申请量	R&D人员	R&D经费
1986	28.79	7.69	9.73	2000	27.15	12.22	31.93
1987	40.89	7.69	9.61	2001	19.27	3.73	16.39
1988	30.43	7.69	20.90	2002	24.10	8.22	23.52
1989	-3.25	7.69	25.49	2003	22.11	5.77	19.57
1990	26.03	7.69	11.68	2004	14.69	5.28	27.71

续表

年份	专利申请量	R&D人员	R&D经费	年份	专利申请量	R&D人员	R&D经费
1991	20.67	7.69	27.13	2005	34.61	18.41	24.60
1992	34.16	27.89	24.19	2006	20.35	10.09	22.58
1993	15.11	3.48	25.24	2007	21.06	15.56	23.55
1994	0.59	12.24	23.49	2008	19.37	13.20	24.41
1995	6.83	-4.02	13.85	2009	17.91	16.58	25.70
1996	23.71	6.96	16.00	2010	25.15	11.46	21.72
1997	11.17	3.38	25.88	2011	33.63	12.89	23.00
1998	6.81	-9.14	8.24	2012	25.55	12.63	18.55
1999	10.04	8.81	23.19	2013	15.92	8.81	15.03
				平均值	20.46	8.95	20.82

数据来源：根据历年《中国科技统计年鉴》计算得到。

表6-4的数据表明我国专利增长和R&D经费增长速度都非常快，年均增长速度分别为20.46%和20.82%，相对来说，R&D人员的增长速度相对缓慢，年均增长速度为8.95%，图6-3可以更直观地看出这种变化。

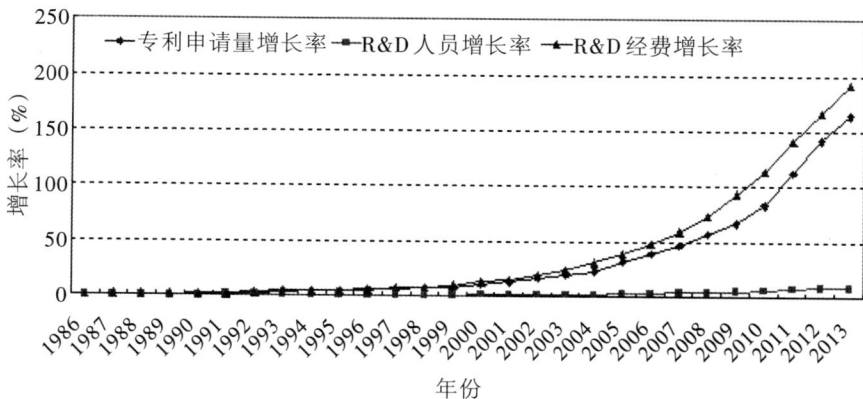

图6-3　1986—2013年中国专利与R&D人员及经费增长率变化图
（以1985年为基期）

图6-3清楚地表明我国R&D经费投入与专利申请量增长率的变化在1991年以后开始增大，但增幅有限，2004年以后两者的增幅都显著提高，呈现出指数化增长的态势。相对来说，R&D经费增长得更快，这导致两者的差距逐渐增大。作为R&D投入的另一个重要因素——R&D人员，其增长变化相对于R&D经费而言并不大。在R&D人员变化不大的情况下，R&D经费和专利产出之间到底存在着怎样的关系？为此，本研究对R&D经费与专利申请量的年增长率进行了对比，如图6-4所示。

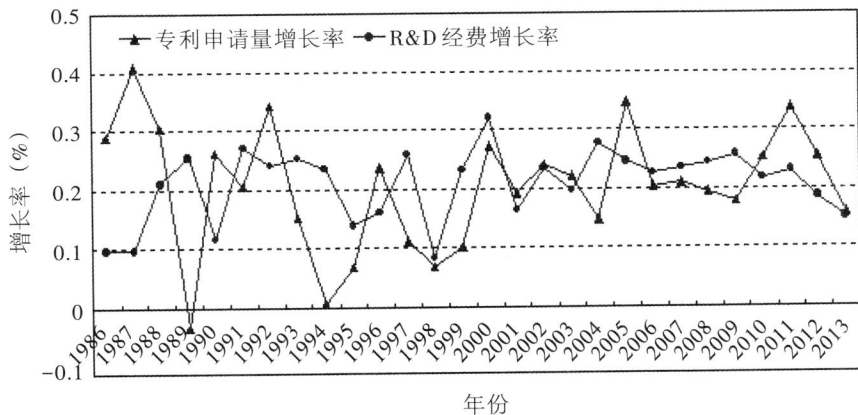

图6-4　1986—2013年中国专利申请量与R&D经费年增长率变化图

图6-4显示2000年以前我国R&D经费的增长率一直不稳定，与此同时，专利申请量的增长率也不稳定；2000年之后R&D经费的增长率出现了持续增长的趋势，此时，专利申请量的增长率虽然起伏较大，但总体上也呈现出持续增长的趋势。R&D经费增长率和专利申请量增长率之间的这种变化特征是否意味着当R&D经费较少时，其对专利申请量的影响较小，一旦其持续增长，并达到一个相应的值后，其与专利申请量的关系就会变得更加紧密，并发生转变，即R&D经费投入与专利产出之间是否存在着一种门槛效应呢？基于此，本书采用Hansen（2000）的门槛回归方法对这一问题进行研究。

6.3 模型设定

6.3.1 知识生产函数

在分析科技创新体系中投入与产出关系时，一般采用知识生产函数来表示通过 R&D 投入生产出新的有经济价值知识的过程。在确定知识生产函数形式前必须要确定 R&D 投入和产出的指标，以研发为基础的增长理论认为企业通过 R&D 投入，生产出新知识（新产品、新方法），知识积累形成知识存量，知识存量又推动了技术进步，并进一步引致经济增长（严成樑等，2010）。R&D 活动产生了知识，因此知识是科技创新体系的产出指标。在知识产出方面，从理论上说，产出的形式很多，科技论文、专利、降低生产成本的新工艺、改善产品设计或质量的新方法和新产品的创新等诸多方面，但 Acs 等（2002）指出，专利数是衡量技术创新的一个相当可靠的指标，并且随着专利保护制度的不断健全和完善，专利保护能更好地服务于技术创新（Beneito，2006）。专利数反映了一个国家和地区新技术、新知识的累积能力，是自主创新得以持续开展和进行的主要来源（吴玉鸣，2007）。虽然专利数作为技术创新评价指标有其不足之处[1]，但是相对于其他指标，专利数更能说明科技创新的产出能力，有很多研究都将专利数作为技术创新的产出指标，如 Porter 与 Stern（2000）、Pessoa（2005）、符淼（2009）等，在此本研究也选取专利数作为我国科技创新体系的产出指标。

在知识投入方面，西方绝大多数实证文献仅仅用 R&D 支出或 R&D

---

[1] Griliches（1990）认为用专利数表示技术的缺陷在于专利数本身并不体现专利的质量，也不体现专利在经济增长中发挥多大的作用，且不是所有的发明都申请了专利，尤其是某些核心技术的拥有者为避免他人模仿而没有注册专利等等。Comanor 与 Scherer（1969）发现，在美国，由于影响专利的法律因素以及注册专利的难度和费用，导致专利申请有下降的趋势，他们还发现专利并不能真实反映创新的质量。新产品的生产可能不仅来自企业的自主研发活动，而且可能来源于技术模仿等。正如 Pessoa（2005）所言，"我们根据专利数量来构建知识产物，并不是说专利是创新活动的唯一产物，也不是说专利是刻画创新活动产出的最理想指标。相反，我们只是假设专利是描述创新活动的一个有用指标。我们的一个关键假定是，创新活动产出中的一个比例包含的价值足够高，以至于应当授予专利，而这一比例通常是固定的"。

人数作为创新投入变量，很少有研究将两者同时纳入知识生产函数分析中。这种方法由于仅仅考虑了单一投入要素对知识生产的影响，对知识生产性质的研究不可避免地会产生偏差（吴延兵，2008）。基于此，Zhang 等（2003）、吴延兵（2006）和严成樑等（2010）等都将 R&D 投入分为 R&D 人员投入和 R&D 经费投入两部分，本研究也选择 R&D 经费投入和 R&D 人员投入两个指标作为我国科技创新体系的投入指标。

在确定知识生产函数具体形式时，Jaffe（1989）、Adams（1996）、Zhang 等（2003）、吴延兵（2006）和严成樑等（2010）等都采用了柯布-道格拉斯生产函数形式的知识生产函数，基于本研究的内容，在此也将我国科技创新体系的投入产出函数设定为柯布-道格拉斯生产函数的形式，如式（6.1）所示：

$$Y = AL^{\alpha}K^{\beta} \tag{6.1}$$

其中 Y 表示创新产出，即专利，L 表示 R&D 人员的投入，α 表示 R&D 人员投入的产出弹性，K 表示 R&D 资本的投入，β 表示 R&D 资本投入的产出弹性，A 表示除 R&D 人员投入和 R&D 资本投入之外的其他投入。对式（6.1）两边取对数，并设 a=LnA，得到式（6.2）：

$$LnY=a+\alpha LnL+\beta LnK \tag{6.2}$$

考虑到技术创新的产出成果不仅仅取决于 R&D 的投入，技术创新的环境也对其存在很大的影响。从世界范围来看，美国、日本、德国、英国、法国等经济发达国家的专利拥有量也与其经济发达程度一样处于世界领先地位，这并不是历史的巧合，两者之间存在着一定的必然联系（陈美章，1998）。刘华（2002）、方曙等（2006）等的研究成果也都表明专利产出与经济发展水平之间存在着很强的相关性，因此本研究将经济发展水平作为控制变量引入模型，如式（6.3）所示：

$$LnY=a+\alpha LnL+\beta LnK+\gamma LnG \tag{6.3}$$

G 表示经济发展水平，将式（6.3）转变为经济计量模型，表示为式（6.4）：

$$Lny_t = \beta_0 + \beta_1 Lnl_t + \beta_2 Lnk_t + \beta_3 Lng_t + \mu_t \tag{6.4}$$

其中，μ_t表示随机误差项。

线性回归模型（6.4）在两机制下的门槛回归模型可以表示为式（6.5）：

$$Lny_t = (\beta_{10} + \beta_{11}Lnl_t + \beta_{12}Lnk_t + \beta_{13}Lng_t) I\{q_t \leq \gamma\}$$

$$+ (\beta_{20} + \beta_{21}Lnl_t + \beta_{22}Lnk_t + \beta_{23}Lng_t) I\{q_t > \gamma\} + e_t \qquad (6.5)$$

其中，e_t表示随机误差项。

6.3.2 数据来源

在进行我国科技创新体系投入与产出关系研究时，本研究选取专利作为产出指标，但是专利有专利申请量和专利授权量两类，前者一般要远大于后者，有些研究认为专利申请量相比授权量更适宜作为衡量R&D活动的指标，因为无论是否获得授权，申请的行为本身就反映了R&D活动的过程和其持有的成本（项歌德等，2011），因此，本研究选取专利申请量作为产出指标。R&D投入指标包括R&D经费投入和R&D人员投入两个方面。在具体设定中，由于科技创新是一个R&D资本积累的过程，参照Grilliches（1979）对知识生产函数的讨论[①]，本研究中的R&D经费投入采用R&D资本存量指标表示，而没有采用R&D经费这个流量指标；衡量R&D人员投入的指标有很多，常见的如科技活动人员数、科学家与工程师数、R&D人员全时当量等，由于R&D人员全时当量是指全社会中R&D活动人员在报告年度实际从事R&D活动的时间占全年工作时间90%以上（含90%）的人员数量，可以更有效、更准确地衡量参与R&D活动的科技人员数量，因此本研究选取R&D人员全时当量作为R&D人员投入指标。

本研究的样本期为1985—2013年[②]，其中专利申请量1985—2013年数据来自中经网统计数据库，R&D人员全时当量1985—1991年R&D人

[①] 美国经济学家兹维·格里里奇（Zvi Griliches，1979）指出，R&D投入是一种流量，是每年用于研究开发的费用支出，支出的主体用它来进行研究开发活动，生产新的技术知识，而主体所拥有的技术知识，大部分都是以往研究开发所生产的知识和经验的积累，即科技知识的存量，也就是R&D资本存量。

[②] 本章的样本周期选择1985—2013年，而不是像本研究中其他部分选择1978—2013年是由于我国对科技数据的统计工作始于1986年，如果与其他研究的样本期相同，固然可以有很好的一致性，但是由于几乎所有的数据都需要进行补充，就会严重影响研究的准确性和严谨性，故而在此将样本期缩短。

员全时当量数据是通过估计得到的①，1992—2013 年数据来自各年的
《中国科技统计年鉴》，R&D 存量的数据见第 4 章。对于经济发展水平，
与绝大多数研究一样使用人均 GDP 来表示，并利用以 1978 年为基期的
人均 GDP 指数进行了平减处理。本研究使用的全部数据均来自各年的
《中国科技统计年鉴》、《中国统计年鉴》、《新中国 60 年统计资料汇编》
和中经网统计数据库。

为了消除时间序列数据中存在的异方差现象，本书首先对专利申请
量、R&D 人员全时当量、R&D 存量和人均 GDP 四个数据分别取对数，
然后进行了平稳性检验，其检验结果如表 6-5 所示。

表 6-5　　　　　　　　　　变量的平稳性检验

变量	检验类型 (c, t, k)	ADF统计量	1%临界值	5%临界值	10%临界值	结论
Lny	$(c, t, 0)$	-1.327	-4.324	-3.581	-3.225	不平稳
Lnl	$(c, t, 0)$	-0.663	-4.324	-3.581	-3.225	不平稳
Lnk	$(c, t, 1)$	-2.730	-4.339	-3.588	-3.229	不平稳
Lng	$(c, t, 1)$	-2.968	-4.339	-3.588	-3.229	不平稳
dLny	$(c, 0, 0)$	-4.368	-3.700	-2.976	-2.627	平稳
dLnl	$(c, 0, 0)$	-4.763	-3.700	-2.976	-2.627	平稳
dLnk	$(c, t, 0)$	-3.622	-4.273	-3.558	-3.212	平稳
dLng	$(c, 0, 0)$	-3.591	-3.700	-2.976	-2.627	平稳

注：（1）检验形式中的 c 和 t 表示常数项和趋势项，k 表示滞后阶数。

（2）ADF 检验的临界值来自软件 Eviews 6.0。

根据变量平稳性检验的结果，本研究选取 dLny、dLnl、dLnk 和
dLng 作为回归变量，然后根据 Akaike 信息准则确定模型的滞后阶

---

① 1985—1991 年的 R&D 人员全时当量是根据 1992—2013 年专业技术人员数与 R&D 人
员全时当量数之间的关系进行估计得到的。

数，结果显示，在选取 dLny、dLnl、dLnk 和 dLng 作为回归变量后，模型不存在滞后现象。本研究选取 R&D 强度作为门槛变量，使用 Stata 软件对门槛变量的外生性进行检验，结果显示该指标具有弱外生性。

6.4 以 R&D 强度为门槛变量的门槛效应研究

6.4.1 非线性检验

在进行我国创新体系投入产出门槛效应研究之前，首先使用 Hansen（1996，2000）的门槛效应检验方法，通过"自助抽样法"2 000 次，计算得到相关 p 值来确定两者之间的关系在以 R&D 强度为门槛变量时是否存在门槛。对模型（6.5）进行 LM 检验的结果见表 6-6。

表 6-6 LM 非线性检验结果

	第一个门槛			第二个门槛		
	LM	P值	阈值	LM	P值	阈值
R&D 强度	12.665	0.005	0.661%	12.757	0.000	1.325%

表 6-6 的检验结果说明，R&D 强度在 1% 的显著性水平上拒绝了不存在门槛和不存在第二个门槛值的零假设①，因此模型（6.5）在 R&D 强度上存在两个门槛，门槛值分别为 0.661% 和 1.325%。

6.4.2 以 R&D 强度为门槛变量的门槛效应分析

在检验了模型（6.5）存在门槛的前提下，再利用 Hansen（2000）的门槛回归方法，以 R&D 强度为门槛变量对模型（6.5）进行回归，其结果见表 6-7。

---

① 受样本容量的限制，在进行完两个门槛的显著性检验后，已无法进行第三个门槛的检验，也可以由此判断在目前情况下不存在第三个门槛。

表6-7　以R&D强度为门槛变量对模型（6.5）的门槛回归结果

	Constant	dLnl	dLnk	dLng	样本量	R²
RD强度≤0.661%	0.270*** （6.542）	0.239 （0.834）	−1.406 （−1.324）	2.974** （2.613）	9	0.991
0.661%<R&D强度≤1.325%	0.435*** （7.797）	1.011*** （5.752）	0.662*** （6.164）	0.124 （0.763）	11	0.999
R&D强度>1.325%	0.683 （0.740）	−1.443 （−1.1120）	2.215*** （3.606）	−0.104 （−0.082）	8	0.995
线性回归	0.357*** （7.101）	0.635*** （3.668）	0.305** （2.703）	0.914*** （5.426）	28	0.996

注：参数估计值下面括号里数值表示t检验值，***、**、*分别代表参数估计值在1%、5%、10%水平上显著。

表6-7中门槛回归的结果显示，当R&D强度在0.661%以下时，R&D人员投入增长和R&D资本投入增长对专利产出增长的弹性均不显著，专利产出增长主要依赖于人均GDP的增长，两者之间存在显著的正相关关系，即经济发展促进了专利产出的增长；当R&D强度处于0.661%~1.325%之间时，人均GDP增长对专利产出增长的弹性变得不显著，但R&D人员投入增长和R&D资本投入增长对专利产出增长的弹性均变得显著，其中R&D人员投入增长的弹性为1.011，R&D资本投入增长的弹性为0.662，这说明在这一区间里，专利产出增长主要依赖于R&D人员投入的增长，其次是R&D资本投入的增长；当R&D强度超过1.325%时，R&D人员投入增长和人均GDP增长对专利产出增长的弹性均不显著，只有R&D资本投入增长的弹性显著，其值为2.215，较前一个阶段有了更大幅度的增长，说明在这一阶段，我国专利产出增长更加依赖于R&D资本投入的增长。可见在我国科技创新体系中，影响专利产出的投入要素以R&D强度等于0.661%和1.325%为门槛出现了机制转变，不考虑经济发展水平这一控制变量的影响，单

纯从投入要素的角度来看，专利产出的增长经历了以 R&D 人员投入增长为主要影响因素和以 R&D 资本投入增长为主要影响因素的不同发展阶段。线性回归结果中三个变量的弹性均显著为正，其中 R&D 人员投入增长对专利产出增长的产出弹性为 0.635，R&D 资本投入增长对专利产出增长的产出弹性为 0.305，人均 GDP 增长对专利产出增长的产出弹性为 0.914，说明人均 GDP 增长对专利产出的增长的作用最大，其次是 R&D 人员增长，最后是 R&D 资本投入增长。显然线性回归结果抹杀了创新投入要素在不同阶段对产出结果影响的变化，无法反映我国创新体系中投入产出之间的这种阶段性变化特点，如果继续使用线性模型进行相关的研究，将会产生一定的偏差，同时也可能直接影响到科技政策制定的有效性。

6.4.3　回归结果分析

如果从时间上看，R&D 强度超过 0.661% 的年份有 19 年，基本集中在 1989 年以后，R&D 强度超过 1.325% 的年份有 8 年，基本集中于 2005 年以后，这与前面对图 6-3 的分析基本上是一致的。综合考虑这种现象和实证研究结果，可以看出 1989 年之前专利产出的增长主要依赖于经济发展水平，1989—2005 年专利产出的增长依赖于 R&D 人员投入增长和 R&D 资本投入增长的共同作用，但是 2005 年之后专利产出的增长就转变为单纯依赖 R&D 资本的增长，而且在这个过程中，R&D 资本投入增长对专利产出增长的作用在不断增强，产生这种现象的原因是什么呢？制度经济学家认为，经济发展过程中的很多现象实际上是依靠制度来"启动"的（诺斯，1994）。考虑到随着改革开放的不断深入，我国经济逐步从过去的计划经济向市场经济转变，为了提高核心竞争力，我国于 20 世纪 90 年代末提出了"科教兴国"的发展战略，并实施了各种相关的科技政策，如在税收方面实行了各种减免措施，鼓励企业进行研发活动，同时实施了科研机构的改制，这些"制度"的变化是否是产生上述实证研究结果的主要原因呢？

6.5 以 R&D 经费中企业经费所占比例为门槛变量的门槛效应研究

6.5.1 门槛变量的选择

在向市场经济转变的过程中，企业首当其冲必须面对巨大的市场竞争压力。在激烈的市场竞争中，企业逐渐认识到只有拥有核心竞争力，真正拥有"属于自己的产品"，才能生存下去。同时在这个过程中，企业对创新的认识也在不断加深，能够更加充分地意识到专利申请和保护对企业创新的重要性，因此，企业有加大研发投入，加强研发活动的强烈内在需求，这可能是导致企业 R&D 经费投入增加和专利申请量增加的内因。与此同时，国家实施了大量促进企业进行研发活动的优惠政策，企业对这些优惠政策的反应是非常敏感的，这样企业进行研发活动的外部环境也具备了，内因和外因共同作用的结果促使企业进一步加大了对科技研发活动的投入力度。基于这样的思考，本研究进一步考察了我国实施的各项科技创新政策是否直接影响了我国科技创新体系产出机制的转变。

为此本研究选取企业 R&D 投入在这个过程中的变化情况来作为门槛变量，为了避免门槛变量将趋势带入模型，在此没有选择企业 R&D 经费投入这个绝对指标作为门槛变量，而是选取 R&D 经费中企业经费所占比例这个相对指标作为考察国家政策影响的门槛变量。图 6-5 为 1985—2013 年我国 R&D 经费中企业经费所占比例的变化图。

从图 6-5 可以看出，我国 R&D 经费中企业经费所占比例经历了几个阶段的变化，1989 年之前该比例相对较低，在出现增长趋势后于 1989 年到达第一个高峰，然后开始下降，呈现出一个"U"形增长，该增长于 2000 年到达第二个高峰后开始呈直线上升的趋势。企业 R&D 经费比例的这种变化是对国家科技创新政策的一种反映，下面本研究就利用这一门槛变量来考察我国科技创新政策对我国科技创新体系的影响。

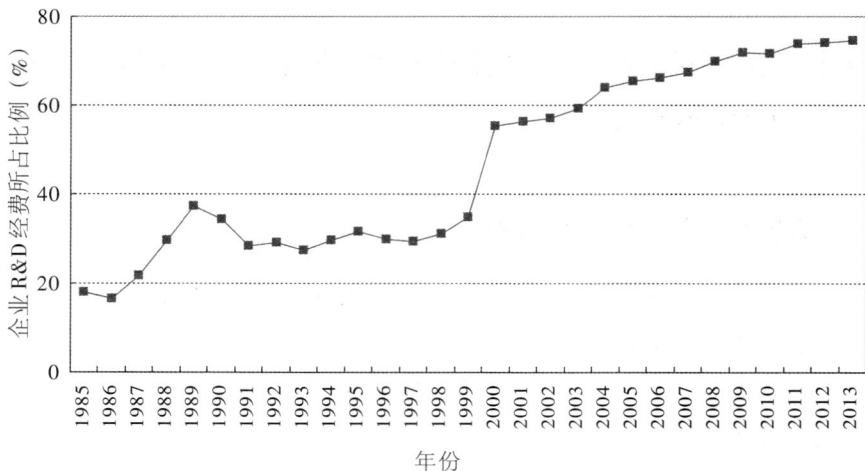

图6-5 1985—2013年我国R&D经费中企业经费所占比例的变化图

6.5.2 实证研究

当以 R&D 经费中企业经费所占比例作为门槛变量对我国研发投入与产出之间的关系进行门槛效应分析时，依然使用 Hansen（1996，2000）的门槛效应检验方法，通过"自助抽样法" 2 000次，计算得到相关 P 值来确定两者之间的关系。模型（6.5）进行 LM 非线性检验的结果如表6-8所示。

表6-8   LM非线性检验结果

	第一个门槛			第二个门槛		
	LM	P值	阈值	LM	P值	阈值
R&D强度	12.391	0.000	29.47%	10.610	0.007	67.04%

表6-8的检验结果说明，R&D 经费中企业经费所占比例在1%的显著性水平上拒绝了不存在门槛和不存在第二个门槛值的零假设[1]，因此模型（6.5）在 R&D 经费中企业经费所占比例上存在两个门槛，门槛值分别为29.47%和67.04%。

以 R&D 经费中企业经费所占比例为门槛变量进行门槛回归，其回

---

[1] 由于受样本容量的限制，在进行完两个门槛的显著性检验后，已无法进行第三个门槛的检验，也可以由此判断在目前情况下不存在第三个门槛。

归结果如表6-9所示。

表6-9　　以R&D经费中企业经费所占比例为门槛变量的

模型（6.5）的门槛回归结果

	Constant	dLnl	dLnk	dLng	样本量	R^2
R&D经费中企业经费所占比例≤29.47%	0.185*** (3.455)	1.156** (2.473)	2.055 (1.704)	−1.081 (−1.272)	6	0.989
29.47%<R&D经费中企业经费所占比例≤67.04%	0.424*** (10.048)	0.438** (2.468)	0.641*** (6.909)	0.645*** (3.266)	14	0.998
R&D经费中企业经费所占比例>67.04%	0.683 (0.565)	−1.443 (−0.849)	2.215** (2.755)	−0.104 (−0.062)	8	0.995

注：参数估计值下面括号里数值表示t检验值，***、**、*分别代表参数估计值在1%、5%、10%水平上显著。

表6-9的回归结果表明，当R&D经费中企业经费所占比例小于等于29.47%时，R&D资本投入增长和人均GDP增长对专利产出增长的产出弹性均不显著，R&D人员投入增长是影响专利产出的主要因素，其弹性为1.156；当该比例处于29.47%～67.04%之间时，三个影响因素均显著为正，其中人均GDP增长的弹性最大，为0.645，R&D资本投入增长的弹性次之，为0.641，R&D人员投入增长的弹性退居第三位，为0.438；当该比例大于67.04%时，R&D人员投入增长和人均GDP增长对专利产出增长的弹性均表现为不显著，R&D资本投入增长成为影响专利产出增长的主要因素，其弹性上升为2.215。

这个研究成果表明，我国科技创新体系以R&D经费中企业经费所占比例等于29.47%和R&D经费中企业经费所占比例等于67.04%为门槛出现了机制转变，不考虑经济发展水平的影响，单纯从影响专利产出的投入要素来看，专利产出的增长经历了以R&D人员增长为主要影响因素和以R&D资本投入增长为主要影响因素的不同阶段。R&D经费中企业经费所占比例超过29.47%的22年基本都集中在1988年以后，超过67.04%的8年基本集中于2005年以后，由此可见，以R&D经费中企业经费所占比例为门槛变量的实证研究，无论是结论还是转变发生时间没的变化基本上是与以 R&D 强度为门槛变量的实证研究一致的。

6.5.3　实证结果分析

无论是以 R&D 强度作为门槛变量，还是以 R&D 经费中企业经费所占比例作为门槛变量，实证研究结果均表明 1985—2013 年我国科技创新体系存在两个门槛，R&D 强度的门槛值分别为 0.661% 和 1.325%，R&D 经费中企业经费所占比例的门槛值分别为 29.47% 和 67.04%，而且两个门槛变量的回归结果均表明我国科技创新体系产出机制的转折点一个发生在 1989 年左右，另一个发生在 2005 年左右。无论是以 R&D 强度为门槛变量，还是以 R&D 经费中企业经费所占比例为门槛变量，其实证研究结果是一致的，即在不考虑经济发展水平这个控制变量的前提下，我国专利产出的增长都经历了从以 R&D 人员投入增长为主要影响因素到以 R&D 资本投入增长为主要影响因素的转变过程。同时，以 R&D 强度为门槛的回归结果还表明我国经济发展初期的 R&D 强度与发达国家基本是一致的，在 0.5% ~ 0.7% 之间，在这个阶段影响创新产出的主要投入因素是 R&D 人员的投入；我国进入国际公认的经济起飞阶段时的 R&D 强度在 1.3% ~ 1.4% 之间，较国际公认的 1.5% 稍早，在这个阶段影响创新产出的主要投入因素是 R&D 资本的积累。

分别以两个不同的门槛变量进行实证研究结果的一致性，表明我国科技创新体系产出机制的转变是与我国经济体制改革和科技体制改革分不开的。寇宗来（2008）将我国科技体制改革与演变分为四个基本阶段：第一阶段（1978—1985 年）是计划体制框架下的"休养生息"；第二阶段（1985—1996 年）主要进行拨款制度的改革，技术市场的建立和科研机构的放活，科技体制改革全面展开；第三阶段（1996—2006 年）是"科教兴国"战略的提出和实施阶段；第四阶段（2006 年至今）主要是鼓励自主创新和建设完善国家创新体系。其中在第二个阶段，前半段改革步伐较快，但后半段进展较缓慢，直到 1995 年国家颁布的《中共中央、国务院关于加速科学技术进步的决定》提出了"科教兴国"的战略，并确定今后深化科技体制改革的重点是调整科技系统的结构，分流人才，政府强调了必须大力推进企业科技进步，促进企业逐步成为技术开发的主体。虽然出台了相关决议，但是改革的实际效果并不明显，直到1998年中国政府进行了大规模科研机构转制，并想借此推动科技成果转化，当年年底国务院决定对国家所属242个科研院所进行转制，将它们转制成为科技型企业或者科技中介服务机构，或者并入某些已有企业中。相应地国家也出台了一系列相关辅助政策，如原有的正常事业费继续拨付，享受国家支持科技型企业的待遇，5年内免征企业所得税，免征技术转让收入的营业税，免征其科研开发自用土地的土地使用税等。这一系列优惠政策才真正使这一战略的效果得到了体现。在科技创新政策实施的同时，我国经济体制改革也取得了很大的成就，非国有企业在国民经济中所占比例提高，这些企业R&D活动规模逐年快速增长、高技术产业中民营企业集团迅速崛起，由此改变了我国R&D活动中政府研究开发机构与企业力量的对比状况，使企业成为最大的R&D执行部门；其次，国家和地方技术开发类科研机构具有较强的研究实力和技术开发能力，转制为企业后，增强了企业部门的技术创新实力。2000年588个这类转制机构的R&D经费共27亿元，这部分机构转制使企业R&D经费占全国的比例由57%提高到60%（童光荣等，2004）。考虑到各种政策的实施都需要一段时间的发酵才能发挥作用，随着我国R&D资本投入大量增加，企业逐渐成为R&D投入的主体，在经过了R&D资本的长期积累之后，我国科技体制改革进入以鼓励自主创新和建设完善国家创新体系的第四个阶段（2006年至今）。实证研究的结果表明2005年以后我国科技创新体系产出机制由以R&D人员增长为主转变为以R&D资本投入增长为主，在时间上是与我国"科教兴国"战略的提出和相关科技创新政策实施并产生效果的时间相吻合的，由此本研究认为我国科技创新体系产出机制发生转变的主要原因是我国"科教兴国"战略和相关科技改革政策的实施，"制度"使得我国科技创新体系产出机制发生了转变。

6.6　我国研发投入与产出非线性关系研究

　　无论是以R&D强度作为门槛变量，还是以R&D经费中企业经费所占比例作为门槛变量，其回归结果均表明我国科技创新体系发生了机制转变，我国研发投入和产出之间存在着非线性关系，为此本研究建立非线性模型对它们的相互影响进行分析，模型的具体形式为式（6.6）：

$$Lny_t = \beta_0 + \beta_1 Lnl_t + \beta_2 (Lnl_t)^2 + \beta_3 Lnk_t + \beta_4 (Lnk_t)^2 + \beta_5 Lng_t + \beta_6 (Lng_t)^2 + \mu_t \qquad (6.6)$$

考虑到 R&D 资本投入可能对专利的产出存在滞后效应，根据 Akaike 信息准则对模型（6.6）变量进行选择，最后确定 R&D 资本取当前期，模型回归的结果见表 6-10。

表 6-10 非线性模型（6.6）回归结果

变量	β_0	β_1	β_2	β_3	β_4	β_5	β_6
估计值	−4.906*** (−4.625)	4.912* (1.833)	−0.529 (−1.647)	−4.908** (−2.400)	0.462*** (3.110)	15.036*** (4.494)	−1.017*** (−4.325)
Adj−R^2	0.998			F 统计量		2 524.203	

注：参数估计值下面括号里数值表示 t 检验值，***、**、*分别代表参数估计值在 1%、5%、10% 水平上显著。

在模型（6.6）的回归结果中，$(Lnl_t)^2$ 的系数不显著，Lnk_t 的系数在 5% 的显著性水平上显著，Lnl_t 的系数在 10% 的显著性水平上显著，其他系数均在 1% 的显著性水平上显著。其中，R&D 人员投入对专利产出弹性的系数为 $4.912-0.529Ln\hat{l}_t$，其二次项系数为负，虽然不显著，但也表明了随着 R&D 人员投入的不断增加，其对专利产出的影响有减小的趋势。产生这一现象的原因可能是在知识生产过程中，R&D 人员的投入有助于促进专业化和技术分工，加快我国科技创新的进程，因此其一次项的系数为正，但是随着 R&D 活动的不断进行，科技人员在"干中学"中不断积累经验和知识，其产出效率不断提高，边际效益递减规律逐渐发挥作用，同时，在知识生产过程中有可能存在 R&D 人员使用效率低下的问题，这些因素可能导致 R&D 人员投入的二次项系数为负。R&D 资本投入对专利产出弹性的系数为 $-4.908+0.426Ln\hat{k}_t$，二次项的系数为正，表明当 R&D 资本规模较小时，其对知识产出的影响较小，甚至为负，即有可能只见 R&D 资本投入，看不到其产出，这是由创新产出自身存在很高的风险和不确定性的特点决定的，无数次的失败才可能出现成果，甚至最终也以失败告终，但是随着 R&D 资本的不断积累，其对专利产出的影响呈不断上升的趋势，这可能是由于在知识相对缺乏的情况下，R&D 活动主要以劳动密集型为主，随着 R&D 活动的不断深入，知识越来越难以发现，这时相对来说，生产知识要更多地借助于先进的技术设备，对资本的需求越来越大。同时知识的生产还具有不同于其他生产的特点，Arrow（1962）指出，信息并不仅仅是发明活动的产出，它还是发明活动的投入，在很多情况下，它是同发明者的才能一样重要的投入。也就是说知识的生产或者科技创新其实存在着一个强大的自我激励机制，其"产出"同时又是其"投入"。随着知识规模的增大，科技研发规模持续稳定增长，其经费需求也将不断加大（孙喜杰，2012），因此，科技活动一旦全面展开，知识生产的这种自我激励机制将会产生越来越大的投入需求，研发活动逐渐从劳动密集型向资本密集型过渡，导致 R&D 经费的投入在专利产出中的作用迅速提高。人均 GDP 对专利产出弹性的系数为 $15.036-1.017 \mathrm{Ln} \hat{g}_t$，其二次项系数也为负，说明早期专利产出主要依赖于经济发展水平，但是随着经济发展水平越来越高，其对专利产出的影响在迅速下降。

实证研究的结果表明，在样本期内，R&D 人员投入对专利产出的弹性经历了从显著到不显著的过程，并存在下降的趋势；R&D 资本投入对专利产出的弹性则经历了从不显著到显著的过程，且其弹性还处于上升的通道中。但是作为一种生产要素，R&D 资本投入也应该符合边际效益递减规律，即当其投入增加到一定程度时，其对产出的边际效益必然会发生递减。但是到目前为止，这种下降趋势尚未出现，因此 R&D 资本投入与专利产出之间的关系并未形成倒"U"形或者是类"S"形，而只可能是这些曲线的前一部分，类似于反"L"形。因此在今后的 R&D 活动中，无论是国家层面，还是企业层面都应该更关注科技人员素质的提高，逐渐缩减科技人员数量，防止人浮于事现象的出现，同时要从各个方面加大对 R&D 经费的投入力度，尽量将 R&D 资本对专利产出的作用发挥出来，实现将研发投入重点从以 R&D 人员投入为主，向以 R&D 经费投入为主的新阶段转变。

6.7　研究结论及政策建议

本章使用 Hansen（2000）门槛回归模型，对我国科技创新体系中投入产出的关系进行研究，结果表明，无论是以 R&D 强度，还是以 R&D 经费中企业经费所占比例为门槛变量，1985—2013 年均存在两个门槛，R&D 强度的门槛值分别为 0.661% 和 1.325%，R&D 经费中企业经费所占比例的门槛值分别为 29.47% 和 67.04%，两个门槛变量的回归结果是一致的，即我国科技创新体系产出机制在样本期内发生了"机制"转变，经历了从以 R&D 人员投入为主到以 R&D 经费投入为主的不同阶段，其转变的第一个时间点大约在 1989 年左右，第二个时间点大约在 2005 年左右。

产生这种机制转变的原因既有经济方面的，也有制度方面的。从经济方面看，研发活动是一项需要大量资金支持的活动，我国早期 R&D 经费投入较少，无法形成规模效益，因此专利产出主要依赖 R&D 人员投入的增加；随着研发活动的不断进行，知识的积累越来越多，特别是"干中学"等原因使得 R&D 人员的人均产出效率越来越高，其边际产出效益递减，当其达到一定水平时，再增加 R&D 人员的投入只会造成更多的人员冗余，而不会使产出效率得到提高；相对于 R&D 人员的投入来说，目前我国 R&D 经费的投入尚未达到最优水平，因此增加 R&D 经费的投入，加快 R&D 资本的积累将会使其边际产出效益递增。从制度方面看，随着改革开放的不断深入，我国"科教兴国"战略的提出和相应科技体制改革政策的实施，从制度上转变了整个科技创新体系的结构，通过政府政策的引导，企业对研发活动的重视程度不断加强，导致我国科技研发投入的构成由过去的以政府为主，转变为现在的以企业为主。R&D 经费投入结构的变化使得我国研发经费的投入迅速增加，R&D 资本对产出影响不断提高，因此，现阶段我国科技创新体系依然要以增加 R&D 经费投入为主，实现 R&D 资本深化，通过资本深化实现资源的最优配置，达到产出的最大化。

但是，由于样本期较短，本研究成果的前提是我国科技创新体系在

1985—2013年期间研发投入和产出之间存在着非线性关系，从目前来看，我国科技创新体系中R&D资本与专利产出之间的关系尚未形成一个完整的倒"U"形或者是类"S"形曲线，还只能看成是这些曲线的前一个阶段，即反"L"形，它的下一个拐点在哪里，目前尚无法确定，但是作为一种投入要素，R&D资本的投入一定存在一个拐点，当达到这个拐点的时候，边际效益递减规律就会发挥作用，那时如果再增加R&D经费的投入必将会导致R&D资本对产出的弹性降低，同时"干中学"也会加速这种效应的出现。因此，本研究结果虽然强调R&D资本深化在现阶段科技创新活动中的重要性，但是凡事都有一个度，超过这个度也许就会适得其反，这些都有待未来做进一步的研究。

7 我国专利对经济增长的门槛效应研究

7.1 问题的提出

内生经济增长理论认为创新是经济增长的源泉，Grossman 与 Helpman（1994）指出，技术进步在一个国家长期经济增长的演变过程中扮演着重要的角色。专利作为创新活动的产出成果之一，具有激励并保障人们创新和发明的作用，同时也是推动经济增长的一个重要因素（徐竹青，2004）。纵观当今世界经济的发展，可以发现凡是经济发达的国家，如美国、日本、德国、英国、法国等都是老牌的专利大国，它们的专利拥有量与其经济发达程度一样在世界上处于领先地位（陈美章，1998）。Hasan 与 Tucci（2010）利用 1980—2003 年 58 个国家的样本数据进行了实证研究，结果发现拥有较高质量专利的国家都拥有较高的经济增长率；方曙等（2006）利用世界专利和美国专利数据研究发现专利产出较多的国家，其专利产出与国家 GDP 之间存在密切关系。这些实证研究的结果说明专利与经济增长之间的这种关系绝非仅仅是历史的巧合，两者之间存在着一定的必然联系。我国学者也对我国专利与经济增长的关系进行了实证研究，如刘华（2002）利用我国1985—2000年的数据对专利与经济增长进行了相关性分析，结果表明技术创新对经济增长具有促进作用；鞠树成（2005）利用1985—2002年统计数据，对中国经济增长与专利产出之间的关系进行研究，结果却表明我国经济增长与专利产出之间不存在明显的因果关系，专利产出在一定程度上促进了我国经济增长，但作用不是很大。由此可见，虽然从世界范围来看，专利拥有量与经济增长之间存在必然联系，但是我国专利拥有量与经济增长之间的关系到底如何尚存在一定的争议。

专利分为发明专利、外观设计专利和实用新型专利三种类型，其中实用新型专利能反映企业的工艺创新能力，外观设计专利能较直观地体现企业的市场创新能力，而发明专利则标志着企业的产品创新能力（刘华，2002）。相对来说，发明专利代表了原创性技术创新，即自主创新，而实用新型专利和外观设计专利则代表了模仿性技术创新，即技术改进。1985—2013年我国三种专利在专利申请量中所占比例如表7-1所示。

从表7-1可见，我国早期的专利类型主要以实用新型为主，1995年以后外观设计的比例不断增大，发明专利所占比例总体呈上升趋势，但是其增长速度相当缓慢。

表7-1   1985—2013年我国三种专利在专利申请量中所占比例   （单位：%）

年份	发明专利比例	外观设计专利比例	实用新型专利比例
1985	59.55	4.45	36.00
1986	44.27	5.23	50.50
1987	29.00	6.00	65.00
1988	28.38	5.76	65.86
1989	29.35	7.66	62.99
1990	24.44	8.96	66.59
1991	22.83	10.66	66.51

续表

年份	发明专利比例	外观设计专利比例	实用新型专利比例
1992	21.46	12.45	66.09
1993	25.45	13.03	61.52
1994	24.53	16.93	58.55
1995	26.05	21.28	52.67
1996	27.76	23.96	48.28
1997	29.48	26.63	43.89
1998	29.48	28.39	42.13
1999	27.33	29.84	42.83
2000	30.32	29.36	40.32
2001	31.05	29.79	39.16
2002	31.76	31.37	36.87
2003	34.14	30.49	35.37
2004	36.78	31.33	31.89
2005	36.39	34.30	29.30
2006	36.72	35.12	28.15
2007	35.33	38.54	26.13
2008	34.99	37.78	27.23
2009	32.21	35.97	31.82
2010	32.00	34.47	33.53
2011	32.23	31.93	35.84
2012	31.83	32.07	36.10
2013	34.71	27.75	37.54
平均值	31.72	23.50	44.78

数据来源：《新中国60年统计资料汇编》及历年《中国科技统计年鉴》。

如果将这三种类型专利数据画成图，如图7-1所示，将能够更清楚地看到这种变化。在图7-1中可以看出1985—2013年我国专利申请中发明专利所占比例总体呈现小幅上升的趋势，但总体较平稳，外观设计在专利申请量中所占比例上升较快，与此同时，实用新型所占比例自1992年开始出现了较大的下降，2007年之后又呈现出小幅上升的趋势。这种变化可能与我国的科技创新战略有关。改革开放初期，我国主要以"后发优势"理论为指导，在自身科技创新能力较弱的条件下，主要以技术引进为主，走模仿创新的道路，这导致我国早期专利的增长主要以风险和技术含量相对较低，且见效快的外观设计为主。随着我国经济实力的不断增强和科技创新能力的不断提高，我国科技创新政策也逐渐由以模仿创新为主转变为以自主创新为主。在这一过程中，我国专利申请量中发明专利所占比例出现了增长趋势，相对来说，外观设计和实用新型所占比例在下降。

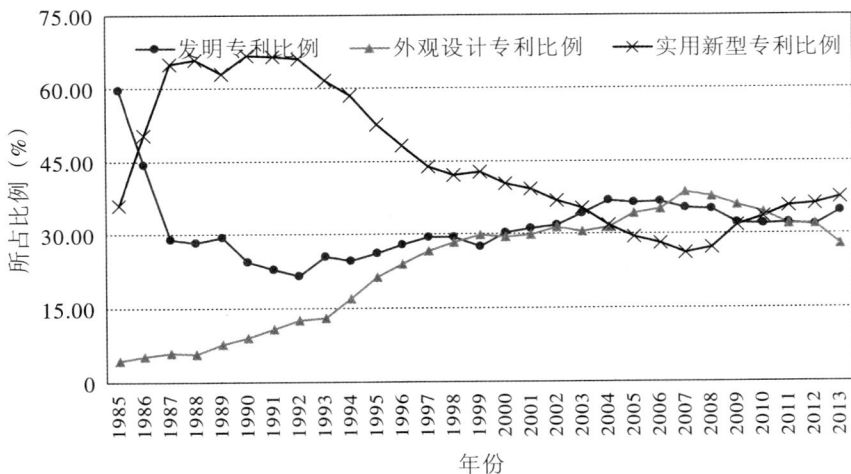

图7-1　1985—2013年我国三种专利所占比例的变化图[①]

相关研究发现不同类型的专利对经济增长的贡献率是不同的，主要有两种观点，一种观点认为三种专利中具有原创性的发明专利对经济增长的贡献率较大，如张继红等（2007），胡树华等（2011）等；

---

①　1985年《中华人民共和国专利法》正式实施，因此我国专利统计数据始于1985年，故在此使用了1985—2013年的相关数据。1985—1986年较大的数据变化可能是由于之前大量专利积累导致的。

另一种观点则认为三种专利中发明专利对经济增长的贡献率最低，如刘华（2002），隋广军等（2005），黄智淋和俞培果（2007）等。为什么上述研究成果会产生如此大的差异呢？赵彦云等（2011）的研究成果表明，1997年前发明专利对全要素生产率没有显著影响，但1997年后对全要素生产率的影响远大于实用新型和外观设计专利。这一研究成果说明在我国经济发展的过程中，专利与经济增长之间存在着阶段性变化的特点，同时由于不同类型的专利具有不同的特点，它们对经济增长的影响程度也就不同，而在我国技术创新的过程中，不同类型专利在专利申请量中所占比例不同，这有可能导致专利对经济增长的影响程度不同。这种变化也为我国专利与经济增长关系存在不确定性提供了可能性。图7-2为1978—2013年我国GDP与专利申请量情况的变化情况。

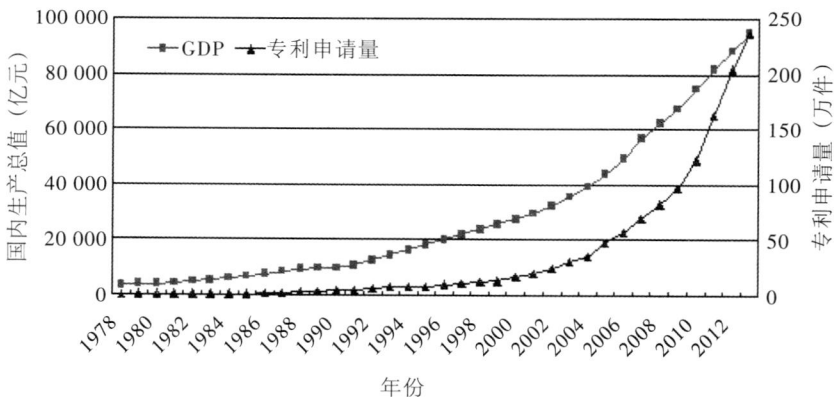

图7-2 1978—2013年我国专利申请量与GDP数据

图7-2清楚地表明，1978—2013年我国GDP和专利申请量均呈指数化增长趋势，但是相对来看，GDP的增长速度相对较缓，而专利申请量的增长速度很快，特别是2010年之后，这一速度明显加快。为了比较两者的增长趋势是否一致，本研究分别对我国GDP（扣除物价上涨因素）和专利申请量的增长率进行了计算，并以赵彦云（2011）研究成果认定的1997年为转折点，分别计算了两者的增长率的平均值，计算结果见表7-2。

表7-2 　　　 1986—2013年我国GDP与专利申请量增长率表 　　　（单位：%）

年份	GDP增长率	专利增长率	年份	GDP增长率	专利增长率
1986	8.85	40.72	1998	7.83	6.81
1987	11.58	28.94	1999	7.62	10.04
1988	11.28	30.43	2000	8.43	27.15
1989	4.06	−3.25	2001	8.30	19.27
1990	3.84	26.03	2002	9.08	24.10
1991	9.18	20.67	2003	10.03	22.11
1992	14.24	34.16	2004	10.09	14.69
1993	13.96	15.11	2005	11.31	34.61
1994	13.08	0.59	2006	12.68	20.35
1995	10.92	6.83	2007	14.16	21.06
1996	10.01	23.71	2008	9.63	19.37
1997	9.30	11.17	2009	9.21	17.91
平均值	10.03	19.59	2010	10.45	25.15
			2011	9.29	33.63
			2012	7.66	25.55
			2013	7.67	15.92
			平均值	9.86	22.92
			总体平均值	9.78	20.46

　　数据来源：根据《中国统计年鉴》和《中国科技统计年鉴》的相关数据计算得到

　　从表7-2中的数据可以发现我国GDP的年均增长率为9.78%，专利申请量的年均增长率为20.46%。1997年前后我国GDP的年均增长率变化不大，分别为10.03%和9.78%，但是1997年前后专利申请量的年均增长率变化较大，分别为19.59%和22.92%，1997年后专利申请量的增速明显加快。可见我国GDP和专利申请量的增长幅度并不同步，这就为我国专利与经济增长之间的关系存在阶段性变化特点提供了可能性。

基于以上分析，本研究提出了关于我国专利与经济增长关系的两个假设，即：

假设一：我国专利与经济增长之间的关系是非线性的，即存在阶段性变化的特点；

假设二：发明专利在专利申请中比例的上升，能够更好地促进技术创新对经济增长作用的发挥。

7.2　模型的设定

7.2.1　回归模型的设定

在研究创新对经济增长影响时，大多数研究都使用柯布-道格拉斯（C-D）生产函数，本研究也以 C-D 生产函数为基础，引入创新变量，形成改进后的 C-D 生产函数，用以研究创新对经济增长的影响，如式（7.1）所示。

$$Y = AK^{\alpha}L^{\beta}P^{\gamma} \tag{7.1}$$

其中，Y 表示总产出，K 表示资本要素的投入，α 表示资本投入的产出弹性，L 表示劳动要素的投入，β 表示劳动投入的产出弹性，P 表示创新，γ 表示创新的产出弹性，A 表示科技进步系数，代表了除上述生产要素之外的所有其他影响产出的因素。将式（7.1）两边取对数，使其线性化，并设 a=LnA，得到式（7.2）：

$$Lny = a + \alpha Lnk + \beta Lnl + \gamma Lnp \tag{7.2}$$

将式（7.2）转换为经济计量模型，表示为式（7.3）：

$$Lny_t = \beta_0 + \beta_1 Lnk_t + \beta_2 Lnl_t + \beta_3 Lnp_t + \mu_t \tag{7.3}$$

其中，μ_t 表示随机误差项。

很多研究均将专利作为创新的代理变量，如 Porter 与 Stern（2000）、Ahuja 与 Katila（2001）、Pessoa（2005）、符淼（2009）等，在研究技术

创新对经济增长的影响时，本研究也使用专利申请量作为创新的代理
变量。

7.2.2 专利转化能力变量的引入

模型（7.3）中影响经济增长的因素主要有资本、劳动和专利三个
生产要素，但是专利具有不同于资本和劳动这两种生产要素的特点，它
是 R&D 活动的产出成果之一，代表了创新。专利本身不能直接作用于
经济活动，它必须进行相应的成果转化，才能够发挥其创新作用，提高
生产力，促进经济增长。专利对经济增长发挥作用的机制如图 7-3
所示。

图 7-3　专利作用机制图

由图 7-3 可见，专利必须经过开发实施，才有可能转化为批量新产
品，投放国内外市场，产生经济价值，进而促进经济增长。在许多国
家，获得专利的一个重要标准是其"商业应用性"，同时各国专利法以
及国际知识产权条约都表明创新的先进性并非现代专利制度追求的全部
目标，将创新成果合理地商业化也是极为重要的考虑。技术创新要转化
为生产力，促进经济发展，需要经过两个阶段，第一个阶段是利用研发
投入的经费和人员等进行 R&D 活动，产生专利等创新成果；第二个阶
段是将专利等创新成果投入生产经营中，与物质资本、人力资本等生产
要素相结合，实现价值的增值。高锡荣等（2014）指出，未经实施的专
利只是一个知识产权文本，与经济的发展并无直接的关系。因此在研究
专利增长对经济增长作用的过程中，单纯关注专利数量增长对经济增长
的影响是不全面的，专利技术的商业化能力是否强大对经济增长的作用
显得更加重要，如果没有强大的专利商业化能力，单纯专利数量的增长
可能仅仅是一串漂亮的数字，它不仅无法形成真正的生产力，促进经济
增长，还有可能是对资源的一种浪费。基于此，在研究专利与经济增长
关系时，将专利商业化能力作为一个技术创新变量引入模型中，将更能

体现专利对经济增长影响的特点。由于在专利商业化的过程中，专利技术必须与人力资本和物质资本相结合才能成为生产力，但是相对于人力资本来说，物资资本的投入在专利商业化转化的过程中更为重要，因此本研究使用资本与专利的交叉项来表示专利的商业化能力，在模型（7.3）的基础上，形成模型（7.4）：

$$Lny_t = \beta_0 + \beta_1 Lnk_t + \beta_2 Lnl_t + \beta_3 Lnp_t + \beta_4(Lnpk_t \times Lnp_t) + \mu_t \tag{7.4}$$

其中 pk_t 代表了进行专利商业化转化过程中使用的资本。模型（7.4）不仅分析了专利增长对经济增长的影响，而且分析了专利商业转化能力对经济增长的影响，能够更加全面地衡量专利对经济增长的影响。

线性回归模型（7.3）在两机制下的门槛回归模型可以表示为模型（7.5）：

$$Lny_t = (\beta_{10} + \beta_{11} Lnk_t + \beta_{12} Lnl_t + \beta_{13} Lnp_t) I\{q_t \leq \gamma\}$$
$$+ (\beta_{20} + \beta_{21} Lnk_t + \beta_{22} Lnl_t + \beta_{23} Lnp_t) I\{q_t > \gamma\} + e_t \tag{7.5}$$

线性回归模型（7.4）在两机制下的门槛回归模型可以表示为模型（7.6）：

$$Lny_t = (\beta_{10} + \beta_{11} Lnk_t + \beta_{12} Lnl_t + \beta_{13} Lnp_t + \beta_{14}(Lnpk_t \times Lnp_t)) I\{q_t \leq \gamma\}$$
$$+ (\beta_{20} + \beta_{21} Lnk_t + \beta_{22} Lnl_t + \beta_{23} Lnp_t + \beta_{24}(Lnpk_t \times Lnp_t)) I\{q_t > \gamma\} + e_t \tag{7.6}$$

7.3 数据来源及相关检验

7.3.1 数据来源

本研究的样本期为1978—2013年，数据均来自各年的《中国科技统计年鉴》、《中国统计年鉴》和《新中国60年统计资料汇编》。其中经济增长使用国内生产总值（GDP）表示，并使用以1978年为基期的GDP平减指数进行处理；劳动要素的投入量使用年底职工人数；资本要素的投入量使用永续盘存法计算的资本存量。由于无论是否获得授权，专利申请行为本身就反映了R&D活动的过程和其持有的成本（项歌德、朱平芳、张征宇，2011），同时在R&D活动中积累了经验，实现了"干中学"，这对于技术进步和经济发展都是非常重要的，因此选取专利申请量作为专利指标[①]；由于无法得到用于专利商业化的资本数据，在此使用平减过的固定资本投资额来表示。为了避免门槛变量含有较强的时间趋势，同时由于要研究专利类型不同是否会影响专利对经济增长作用的发挥，所以没有选择发明专利申请量这样的绝对指标作为门槛变量，而是选取发明专利占专利申请量比例这一相对指标作为门槛变量[②]。

Hansen（2000）的门槛回归方法要求变量是平稳的，因此首先对数据取对数，然后进行平稳性检验，其变量平稳性检验结果见表7-3。

表7-3   变量的平稳性检验

变量	检验类型 （c，t，k）	ADF统计量	1%临界值	5%临界值	10%临界值	结论
Lngdp	（0，0，0）	−1.8069	−2.6392	−1.9517	−1.6106	平稳
Lnk	（0，0，1）	−0.6645	−2.6392	−1.9517	−1.6106	不平稳
Lnrd	（c，t，0）	−1.0354	−4.2733	−3.5578	−3.2124	不平稳
Lnpa	（c，t，0）	−1.5022	−4.2627	−3.5530	−3.2096	不平稳
dLnk	（c，t，0）	−4.3745	−4.2733	−3.5578	−3.2124	平稳
dLnrd	（c，t，0）	−4.7261	−4.2733	−3.5578	−3.2124	平稳
dLnpa	（c，0，0）	−4.9121	−3.6537	−2.9571	−2.6174	平稳

注：（1）检验形式中的c和t表示常数项和趋势项，k表示滞后阶数。

（2）ADF检验的临界值来自软件Eviews6.0。

[①] 由于我国的专利统计始于1985年，1978—1984年数据缺失，本书根据专利申请量随时间变化呈现指数变化的特点，使用该数据与时间的指数函数关系建立了指数模型对缺失数据进行了补充。

[②] 如果发明专利所占比例大于某一个门槛值，那么实用新型和外观设计的比例就一定是小于这个门槛的，因此本书仅设置发明专利占专利申请量比例这一指标，不仅可以直接说明发明专利比例变化使得专利对经济增长影响的变化，同时也可以间接地说明实用新型和外观设计比例的变化使得专利对经济增长影响的变化。

根据变量平稳性检验的结果，选取各变量的一阶差分作为回归变量。考虑到专利发挥作用存在一定的滞后效应，而本研究的样本期又相对较短，因此有关专利的数据均使用其滞后一期数据。

7.3.2 非线性检验

本研究使用 Hansen（1996，2000）的门槛效应检验方法，通过"自助抽样"计算 p 值，次数为 2 000 次。在检验中，考虑到本书的时间序列长度有限，仅有 36 年的观测值，尤其是在确定了一个门槛之后，各时间序列的长度又缩短了约一半（序列长度小于 25），出于统计的考虑，本研究仅进行了一个门槛的检验（孔东民，2007）。模型（7.5）和模型（7.6）的 LM 非线性检验结果如表 7-4 所示：

表 7-4 　　　　　　　　　　　**LM 非线性检验结果**

门槛变量	模型（7.5）			模型（7.6）		
	LM	P值	阈值	LM	P值	阈值
发明专利所占比例	14.881	0.005	0.268	16.655	0.002	0.278

从表 7-4 的检验结果可知，模型（7.5）和模型（7.6）均在 1% 的显著性水平上拒绝了发明专利所占比例不存在第一个门槛的零假设，因此模型（7.5）和模型（7.6）在发明专利所占比例上均存在一个门槛，门槛值分别为 26.7% 和 27.8%。

7.4 我国专利对经济增长的门槛效应研究

7.4.1 实证研究

LM 非线性检验的结果证明模型（7.5）存在一个门槛，因此可以利用 Hansen（2000）的门槛回归方法，以发明专利占专利申请量的比例为门槛变量，对模型（7.5）进行回归，回归结果如表 7-5 所示。

表7-5　　　　模型（7.5）门槛回归及最小二乘法回归结果

变量	OLS	发明专利所占比例 ≤26.8%	发明专利所占比例 >26.8%
c	0.096*** (3.101)	0.065** (2.477)	0.084*** (2.779)
dLnk	1.056*** (5.614)	0.2444 (0.751)	1.179*** (10.268)
dLnl	0.562*** (5.465)	0.886*** (3.722)	0.454*** (5.054)
dLnp	0.135* (1.813)	0.195 (1.528)	0.174*** (2.920)
R^2	0.997	0.999	0.999
样本数	34	8	26

注：参数估计值下面括号里数值表示t检验值，***、**、*分别代表参数估计值在1%、5%、10%水平上显著。

模型（7.5）的门槛回归结果表明我国专利增长与经济增长之间的关系存在阶段性变化的特征，当发明专利在专利申请量中所占比例小于等于26.8%时，资本投入增长和专利增长对经济增长的作用均不显著，这个阶段经济增长的动力主要来自劳动力的增长，其弹性为0.886；当发明专利比例越过26.8%的门槛后，资本、劳动和专利增长对经济增长的作用均变为显著，其中，作用最大的为资本的增长，其弹性为1.179，其次为劳动力的增长，其弹性为0.454，最后是专利的增长，其弹性为0.174。相对于门槛回归的结果，最小二乘回归的结果显示1978—2013年我国经济增长主要依赖资本的增长，其次是劳动力的增长，最后是专利的增长，它反映的是一种静态的、平均作用的结果，无法显示经济发展过程中各种因素在不同阶段具有不同作用的动态变化特点。

7.4.2 引入专利商业化能力后的实证研究

在研究专利数量增长对经济增长影响的同时，如果将专利商业化能力考虑进去，就得到了模型（7.6）的回归结果，如表7-6所示。

表7-6　　　模型（7.6）门槛回归及最小二乘法回归结果

变量	OLS	发明专利所占比例≤27.8%	发明专利所占比例>27.8%
c	0.088*** (2.920)	0.051* (2.054)	0.072** (2.430)
dLnk	0.274 (1.486)	0.194 (0.718)	0.200 (1.469)
dLnl	1.456*** (5.155)	0.530 (1.403)	1.615*** (7.821)
dLnp	−0.178 (−0.969)	−0.015 (−0.073)	−0.127 (−0.947)
d（Lnpk*Lnp）	0.026* (1.847)	0.030 (1.685)	0.024** (2.457)
R^2	0.997	0.999	0.999
样本数	34	10	24

注：参数估计值下面括号里数值表示t检验值，***、**、*分别代表参数估计值在1%、5%、10%水平上显著。

从表7-6可以看出模型（7.6）的回归结果显示当发明专利所占比例小于等于27.8%时，各种要素增长对经济增长的弹性均不显著；当发明专利所占比例大于27.8%之后，资本投入增长和专利增长的弹性依然不显著，但劳动力和专利商业化能力增长对经济增长影响变得显著，其中劳动力增长对经济增长的影响最大，其弹性为1.615，专利商业化能力增长的影响非常小，其弹性仅为0.024。

将专利商业化能力纳入研究范围之后，专利数量的增长无论在哪个阶段对经济增长的作用均不显著，这也可以从一个侧面说明专利本身并不能直接作用于经济增长，它对经济增长的作用是一种间接作用，专利只有进行了商业转化，才可能对经济增长发挥作用，而在模型（7.5）的回归结果中，当发明专利在专利申请量中所占比例大于26.8%后，专利数量增长对经济增长的作用显著为正，其原因有可能是它将专利转化为商业成果的间接作用都包含在里面了。模型（7.6）的回归结果则将这种间接作用分离出来，此时专利增长对经济增长的作用变得不显著。为了更深入地研究我国专利转化能力对经济增长的影响，在专利增长对经济增长作用不显著的情况下，将模型（7.6）中的专利增长变量删除，单纯考虑专利商业化能力对经济增长的影响，形成简化后的模型（7.7）：

$$Lny_t = (\beta_{10} + \beta_{11}Lnk_t + \beta_{12}Lnl_t + \beta_{13}(Lnpk_t \times Lnp_t))I\{q_t \leq \gamma\}$$
$$+ (\beta_{20} + \beta_{21}Lnk_t + \beta_{22}Lnl_t + \beta_{23}(Lnpk_t \times Lnp_t))I\{q_t > \gamma\} + e_t \qquad (7.7)$$

使用相同的方法可以发现简化的模型（7.7）在发明专利所占比例上存在一个门槛，其门槛值为27.8%，对其进行回归的结果如表7-7所示：

表7-7　简化后模型（7.7）门槛回归及最小二乘法回归结果

变量	OLS	发明专利所占比例 ≤27.8%	发明专利所占比例 >27.8%
c	0.087*** (2.893)	0.052* (2.148)	0.068** (2.361)
dLnk	1.203*** (11.123)	0.505** (2.795)	1.435*** (17.982)
dLnl	0.376** (2.493)	0.208 (1.127)	0.255** (2.113)
d（Lnpk*Lnp）	0.013** (2.457)	0.029*** (4.092)	0.016*** (3.807)
R^2	0.997	0.999	0.999
样本数	34	10	24

注：参数估计值下面括号里数值表示t检验值，***、**、*分别代表参数估计值在1%、5%、10%水平上显著。

简化后模型（7.7）的实证结果表明，当发明专利所占比例小于等于27.8%时，资本投入增长对经济增长影响最大，其弹性为0.505，其次是专利商业化能力，其弹性为0.029，劳动增长的作用不显著；当发明专利所占比例越过27.8%的门槛后，三种要素的作用均显著，其中对经济增长影响最大的依然是资本的增长，其弹性为1.435，其次为劳动力的增长，其弹性为0.255，最后是专利商业化能力的增长，其弹性为0.016，较前一阶段有所下降，可见中国经济还是资本拉动型增长，技术创新在其中发挥的作用很小。

7.4.3 实证结果分析

综合模型（7.5）、模型（7.6）和简化后的模型（7.7）的实证结果来看，1978—2013年我国专利增长对经济增长的作用主要有以下几个特点：首先，如果单纯从专利数量上来看，我国专利增长对经济增长的影响具有阶段性变化的特征，当发明专利在专利申请中所占比例小于等于26.8%的门槛值时，专利增长对经济增长的作用不显著，当其越过这一门槛后，专利增长对经济增长的作用变得显著，但是相对于资本投入增长和劳动投入增长对经济增长的作用而言，其作用很小；其次，如果考虑了专利商业化能力，单纯数量上的专利增长对经济增长的作用始终不显著，这从一个侧面反映了专利增长不能直接作用于经济增长，其对经济增长的作用是间接的；最后，专利转化能力对经济增长具有积极的促进作用，但是这个作用效果很小，模型（7.6）和简化后模型（7.7）的回归结果均表明当发明专利所占比例小于等于27.8%时，专利转化能力的弹性较大，而当发明专利所占比例增大时，其弹性不升反降。

实证研究的结果接受了本章前面提出的假设一，即我国专利与经济增长之间的关系是非线性的，两者之间存在着阶段性变化的特点；但拒绝了假设二，即发明专利在专利申请中比例的上升，并没有更好地促进技术创新对经济增长作用的发挥。

假设二被拒绝，说明随着发明专利所占比例上升，专利转化能力增长对经济增长作用下降了，本研究认为形成这一现象的主要原因可能是由于当发明专利在专利申请中所占比例较小时，模仿创新所占比例较大，相对于发明专利而言，实用新型专利和外观设计专利在进行成果转化时，无论是从资金上，还是从转化难度上都比较容易，在转化周期上也相对较短，比较容易产生经济效益。从时间上来看，发明专利在专利申请中所占比例小于门槛值的年份多为改革开放初期和20世纪90年代，这一阶段我国实行的是技术引进政策，在科技创新方面主要以吸收国外已有技术、进行模仿创新为主，因此这一阶段创新成果转化能力虽然对经济增长的作用较小，但是这对于我国改革开放初期"粗放式"经济增长模式来说，其作用无疑是积极的，说明我国改革开放初期提出的进行模仿创新，发挥后发优势的政策在当时的经济增长中发挥了一定的作用。

随着我国经济实力的提升，国家对科技研发越来越重视，政府和企业对研发的投入越来越多，企业的专利意识在增强，我国的专利保护制度也越来越完善，在模仿创新的过程中，我国科学技术人员也进行了广泛的知识积累，当这一积累达到一定程度的时候，以模仿创新为主的技术进步逐渐转变为以自主创新为主的技术进步；与此同时，国家也提出了进行自主创新的号召，我国经济从过去的"中国制造"向"中国创造"转变，这些变化共同作用的结果是我国发明专利在专利申请量中的比例上升。但是实证结果却表明当我国发明专利所占比例越过27.8%的门槛后，其对经济增长的作用反倒下降了，本研究认为产生这种现象的原因可能与发明专利本身所具有的特点有关，也是我国创新体制和经济发展中存在的问题和一系列创新扶持政策共同作用的结果。

首先从专利的拥有机构来看，专利的拥有机构主要包括高校、科研院所和企业，相对于高校和科研院所来说，企业创新更能瞄准市场，更有针对性，将成果转化为经济效益的可能性就越高，但是过去我国企业的研发投入较少，其专利也较少，专利大多集中在高校和科研院所，随着我国科技体制改革的深入，这一现象已经发生了明显的变化，如图7-4所示。

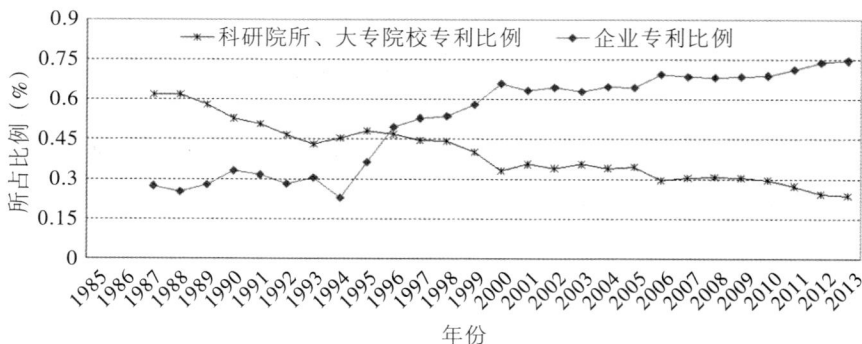

图 7-4　1985—2013 年我国不同机构拥有专利的比例

图 7-4 表明 1996 年之前，我国科研院所和大专院校拥有的专利比例要大大高于企业所拥有的专利比例，1996 年成为一个具有转折意义的年份，1996 年以后这一情况发生了逆转，企业拥有的专利比例超过高校和科研院所，并迅速增长，成为科技创新的主体和专利拥有的主力。既然企业已经成为创新的主体和专利拥有的主力，要提高专利的转化能力就必须提到资金的问题。相对于实用新型和外观设计来说，发明专利的成果转化需要更大的资金投入，其转化风险也更大，对技术人员的要求相对较高，这些特点都说明专利及专利转化更应该发生在资金雄厚的国有大中型企业，这些企业具有从事 R&D 活动的条件，可能产生更多的专利，并进行相应的成果转化。但是国有大中型企业的特殊地位决定了其虽然拥有进行研发活动和成果转化得天独厚的条件，但是却没有进行原创性研发和成果转化的积极性，相关研究成果也表明国有大中型企业的创新能力相对较弱。与此同时，我国拥有大量的中小企业，其总产值已经占到 GDP 的 50% 以上，在激烈的市场竞争中，大多数中小企业拥有迫切的创新意愿，但是却缺乏资金的支持，特别是我国各级政府及金融机构大都偏好投资国有大中型企业，导致中小企业很难获得政府或者金融机构的资金支持，因此在科技创新领域就产生了一个非常矛盾的现象，即有创新意愿的中小企业没有资金，有资金的国有大中型企业没有创新意愿。这样的矛盾可能导致发明专利相对于模仿创新来说，在进行成果转化时由于其所需时间更长，风险更大，在短期内效果并不明显，导致对其进行成果转化的难度增大，真正能够转化为生产力，促

进增长的专利反倒减少了。

　　根据世界知识产权组织（WIPO）发布的《2014 年国际知识产权指数报告》，2011 年中国专利数量首次超过美国，成为世界第一专利大国，2011—2012 年专利的增长率为 24%，2012—2013 年该增长率达到 26.4%，同期美国专利的增长率分别为 7.8% 和 5.3%，但是在全球创新指数排名中，我国的排名却一直处于波动的状态，排名并没有呈现出提高的态势①。专利数量快速增长但创新指数却徘徊不前，这也从一个侧面反映了目前我国现行鼓励创新的专利奖励政策只关注了专利的数量，而对专利质量和专利商业化能力关注不够的问题。本实证研究结果也表明在将专利商业化能力纳入研究体系之后，专利数量增长对经济增长的影响不显著，而专利商业化能力增长的影响是显著的，但是影响很小，这一结果对上述现象给出了合理的解释，同时也表明在研究专利增长对经济增长作用的时候，单纯从数量上进行考察是不全面的，相对于数量的迅速增长，提高专利质量和专利商业化能力才能够更好地促进技术创新作用的发挥。

7.5　研究结论及政策建议

　　本章利用 Hansen（2000）门槛回归方法，以发明专利所占比例为门槛变量，使用我国 1978—2013 年相关数据研究了专利所代表的技术创新与经济增长的关系，结果表明在样本期内，我国专利增长与经济增长之间的关系具有阶段性变化的特征，两者之间是非线性关系，随着发明专利在专利申请量中所占比例越过 26.8% 的门槛值，专利增长对经济增长的作用由不显著变为显著，因此单纯从专利数量上看，随着发明专利在专利申请量中所占比例的提高，专利增长对经济增长的作用在增强；如果考虑了专利商业化能力，单纯的专利增长无论在哪个阶段对经济增长的作用均不显著，专利商业化能力对经济增长的作用则会随着发明专利在专利申请量中所占比例越过门槛值而减小，可见，在我国经济

---

　　① 2009 年我国在全球创新指数中的排名为第 37 位，2010 年下降为第 43 位，2011 年提高到第 29 位，2012 年又下降到第 34 位，2013 年下降到第 35 位，2014 年上升到第 29 位，并没有呈现稳定的增长态势。

发展的过程中，模仿创新对经济增长的作用要大于自主创新。但无论是在专利数量增长方面，还是在专利商业化能力方面，技术创新对经济增长的作用都很小。

　　虽然模仿创新在一定的历史阶段对于我国经济发展发挥了重要的作用，但是随着各方面条件的变化，要保证我国经济长期、可持续发展，促进经济增长模式的转变，就必须提高自主创新能力，拥有核心竞争力。在提高我国自主创新能力的过程中，专利申请数量的增长仅仅是提高创新能力的一个方面，在目前我国专利申请量如此巨大的前提下，如何提高我国专利的质量及其商业化能力，特别是发明专利的商业化能力则显得更为重要。首先虽然我国从2011年已经成为世界第一大专利申请国，但是我国专利类型的构成与世界发达国家或地区存在着很大的差异，如表7-8所示。

表7-8　　　　　　**2013年我国与国外三种专利申请数据对比表**　　　　（单位：件）

国别（地区）	专利申请量	申请量			所占比例		
		发明	实用新型	外观设计	发明	实用新型	外观设计
国外	142 501	120 200	7 136	15 165	84.35%	5.01%	10.64%
中国	2 377 061	825 136	659 563	892 362	34.71%	27.75%	37.54%

　　数据来源：根据《中国科技统计年鉴（2013）》计算得到。

　　从表7-8的对比数据中可以明显看出国外专利申请以发明专利为主，而我国专利申请则以外观设计为主，我国发明专利所占比例数据尚不足国外的一半，差距非常明显，这也许就是无论是在模型（7.5），还是在模型（7.7）中，虽然当发明专利在专利申请中所占比例超过门槛后，我国专利数量增长或者专利转化能力增强对经济增长的作用由不显著变为显著，但是相对于资本和劳动这两个生产要素的增长而言，其作用都非常有限的主要原因，同时也说明了我国创新对经济增长促进作用还有很大的提升空间。我国为了提高创新能力，鼓励专利产出曾出台过一些与官员政绩相关的鼓励政策，这些政策的实施极大地促进了我国专利数量的增加，但是这种快速增长的专利大多属于"短平快"的类型，这与在我国专利申请量中外观设计专利最多有着直接的关系，是这一现象产生的主要原因。因此要想转变目前这种比例不合理的现状，必须从改变过去只追求专利数量的创新鼓励政策开始，将鼓励的重点从关注专利数量转移到关注专利质量和专利转化能力上来，同时我国现行的知识产权管理办法也落后于时代的发展，不仅要制定一套完整的知识产权法律体系，而且还要建立一套完整的技术转化机制，不仅要鼓励企业、高校和科研院所开发新技术，更要鼓励其进行专利成果转化，真正使科技创新成为促进我国经济发展的源泉。

发明专利无论在研发阶段，还是在转化阶段都具有所需资金多，风险大，转化周期长等特点，这也是我国发明专利比例较低的主要原因，但是一旦发明专利研发成功，能够顺利地进行成果转化，其所带来的经济效益不是实用新型和外观设计专利所能比拟的，因此要提高发明专利商业转化能力可以从资金支持和疏通转化渠道两方面入手。经过科技体制改革，我国企业已经成为科技创新的主体和专利拥有的主力，针对在创新过程中我国存在的国有大中型企业和中小企业在资金和创新意愿方面的矛盾，国家在进行相关政策制定时，要加强制度创新，一方面要更多地关注中小企业，使其能够更方便、更快捷地获得研发资金，进行原创性研发，提高成果的转化能力，另一方面要激发大中型国有企业的创新动力，促进生产力提高。目前，我国有相当一部分发明专利是由高校和科研院所生产的，这些部门大多属于非营利机构，现行的专利制度不利于调动其对专利转化的积极性，很多科研成果在申请了专利或者发表了论文之后就束之高阁，完成了其历史使命，没有任何激励机制鼓励对专利成果的转化，同时由于这些部门并不直接面向市场，也可能导致某些专利的市场应用前景暗淡，还有一部分专利虽然有很强的市场需求，但是由于转化渠道不畅通，转化效率较低。为了解决这些问题，一方面，国家必须进行相应的专利制度改革，要有相应的机制鼓励大专院校和科研院所的科研人员不满足于将科研成果申请专利，或者发表论文，而是要积极进行成果转化，使这一成果变成商品，这就要求科研人员有积极"走出去"的动力，使其能够充分发挥自己的优势，与企业联手进行更有针对性的研发，促进"产学研"结合；另一方面，一个国家高质量的经济增长过程是技术创新效应持续发挥作用的过程（傅家骥，

1998），它必然伴随着产业结构的转换和升级，因此加快产业结构优化升级，推动产业结构向高端化发展，让市场的力量促使企业产生强烈的追求原创型创新的动力，积极、主动地与高校和科研院所联合，实施"请进来"的战略，提高企业自主创新能力，依靠科技创新促进我国生产力的提高，使技术创新成为促进我国经济发展的主要动力。在进一步深化科技体制改革方面，要营造更加有利于促进创新发明和将其转化为生产力的氛围和环境，同时我国要加强对专利申请标准的制定，提高我国专利质量，使专利更具有"有用性"，提高我国的自主创新能力，促进经济长期、可持续的发展。

8 我国区域研发投入与产出的门槛效应研究

8.1 引言

内生经济增长理论认为技术进步是经济发展的源泉，进行 R&D 活动的主要目的是促进技术进步，推动科技创新，进而促进经济发展。Griliches（1964）早在 20 世纪 60 年代就已经证实 R&D 是促进经济增长的重要因素。在目前的经济形势下，技术创新对经济增长的作用越来越重要，已经成为推动各国、各地区发展的主要动力。宋涛（2008）的研究指出，在 20 世纪初期发达资本主义国家中，科学技术对经济增长的贡献率为 5% ~ 10%，但是目前这一比率已经达到 80%。我国各地区在自然禀赋、地理、历史、文化等各方面存在巨大差异，导致各地区无论是在经济发展水平、资本投入，还是在技术创新、制度创新、人力资本等各方面都存在着巨大的差异。大多数研究表明，改革开放以来，我国区域经济发展的差距继续存在，不仅没有出现经典增长理论所推断的收敛性倾向，相反，各地区间的差异还呈现不断扩大的趋势。地区经济和社会发展差距过大，不仅会影响资源的配置效率，造成整体经济效率的损失，而且还会带来社会公平问题，引发社会矛盾冲突和严重的政治后果（胡鞍钢、王绍光、康晓光，1995；林毅夫、蔡昉、李周，1998）。美国经济在19世纪下半叶和20世纪上半叶的高速发展就部分得益于其地区间差距的缩小（Higgins，1988）。为了缩小地区间的差异，刘志彪（2013）指出，建立创新驱动型国家的战略目标，是中国迈向新的全球化战略的重要引力；张军（2012）的研究结果表明，中国经济旧模式的内在结构性矛盾日益凸显，应该从机制转型和创新的角度思考改变；林毅夫（2012）则认为经济发展是一个持续的技术创新、产业升级和结构转型的过程，这取决于国家如何更有效利用和整合他们的土地资源、劳动力、资本和基础设施；刘伟（2013）从经济发展方式的角度对增长进行了研究，结果表明，经济发展方式是一定历史和技术条件下的产物，当发展条件变了，发展方式也要随之调整。因此本章从技术创新的角度来研究如何针对我国各地区的不同特点，采用Hansen（1999）的面板门槛回归模型对我国各地区研发投入对经济增长的影响进行研究，希望能够通过各地区有目的的研发活动，促进技术进步，缩小区域间的差距，进而推动我国经济增长。

8.2 我国区域间研发现状分析

我国区域研发投入存在很大的差异，从考察地区间R&D差异经常使用的指标R&D强度来看，各地区之间就非常不均衡，如北京、上海、江苏、浙江等东部发达地区的很高，有的甚至超过了世界发达国家的R&D强度，但是如西藏、海南、广西等省份又非常低，表8-1为2000—2013年我国各省、自治区、直辖市R&D强度的数据。

从表8-1的数据可以看出我国各省、自治区、直辖市在R&D投入方面的不均衡，总体来看东部沿海发达地区的经济发达，研发投入力度相对也高，西部地区经济欠发达，研发投入也相对欠缺。为了更形象地

表8-1　2000—2013年我国各省市、自治区、直辖市R&D强度　（单位：%）

地区	2000年	2001年	2002年	2003年	2004年	2005年	2006年
北京	4.93	4.61	5.07	5.10	5.24	5.55	5.50
天津	1.45	1.31	1.45	1.57	1.73	1.96	2.18
河北	0.52	0.47	0.56	0.55	0.52	0.58	0.66
山西	0.54	0.53	0.62	0.55	0.65	0.63	0.76
内蒙古	0.21	0.23	0.25	0.27	0.26	0.3	0.34
辽宁	0.89	1.07	1.31	1.38	1.6	1.56	1.47
吉林	0.69	0.78	1.12	1.04	1.14	1.09	0.96
黑龙江	0.47	0.59	0.88	0.81	0.74	0.89	0.92
上海	1.54	1.69	1.92	1.93	2.21	2.28	2.50
江苏	0.85	0.98	1.11	1.21	1.43	1.47	1.60
浙江	0.55	0.6	0.68	0.78	0.99	1.22	1.42
安徽	0.69	0.65	0.73	0.83	0.8	0.85	0.97
福建	0.56	0.55	0.55	0.75	0.8	0.82	0.89
江西	0.41	0.36	0.48	0.60	0.62	0.7	0.81
山东	0.62	0.66	0.86	0.86	0.95	1.05	1.06
河南	0.49	0.51	0.49	0.5	0.5	0.52	0.64
湖北	0.98	0.95	1.14	1.15	1.01	1.15	1.25
湖南	0.54	0.63	0.63	0.65	0.66	0.68	0.71
广东	1.00	1.14	1.16	1.14	1.12	1.09	1.19
广西	0.4	0.35	0.36	0.4	0.35	0.36	0.38
海南	0.15	0.14	0.20	0.17	0.26	0.18	0.20
重庆	0.63	0.57	0.63	0.77	0.89	1.04	1.06

地区	2000年	2001年	2002年	2003年	2004年	2005年	2006年
四川	1.14	1.36	1.31	1.49	1.22	1.31	1.25
贵州	0.41	0.47	0.49	0.55	0.52	0.56	0.64
云南	0.34	0.36	0.42	0.43	0.41	0.61	0.52
西藏	0.17	0.14	0.29	0.16	0.16	0.14	0.17
陕西	2.74	2.57	2.69	2.63	2.63	2.52	2.24
甘肃	0.69	0.75	0.89	0.91	0.85	1.01	1.05
青海	0.49	0.40	0.61	0.62	0.65	0.54	0.52
宁夏	0.54	0.44	0.52	0.53	0.57	0.52	0.70
新疆	0.23	0.21	0.22	0.20	0.27	0.25	0.28
地区	2007年	2008年	2009年	2010年	2011年	2012年	2013年
北京	5.40	5.25	5.50	5.82	5.76	5.95	6.08
天津	2.27	2.45	2.37	2.49	2.63	2.80	2.98
河北	0.66	0.67	0.78	0.76	0.82	0.92	1.00
山西	0.86	0.9	1.10	0.98	1.01	1.09	1.23
内蒙古	0.40	0.44	0.53	0.55	0.59	0.64	0.7
辽宁	1.50	1.41	1.53	1.56	1.64	1.57	1.65
吉林	0.96	0.82	1.12	0.87	0.84	0.92	0.92
黑龙江	0.93	1.04	1.26	1.19	1.02	1.07	1.15
上海	2.52	2.59	2.81	2.81	3.11	3.37	3.60
江苏	1.67	1.92	2.03	2.07	2.17	2.38	2.51
浙江	1.50	1.60	1.75	1.78	1.85	2.08	2.18
安徽	0.97	1.11	1.33	1.32	1.40	1.64	1.85

续表

地区	2007 年	2008 年	2009 年	2010 年	2011 年	2012 年	2013 年
福建	0.89	0.94	1.11	1.16	1.26	1.38	1.44
江西	0.89	0.97	0.99	0.92	0.83	0.88	0.94
山东	1.20	1.40	1.53	1.72	1.86	2.04	2.15
河南	0.67	0.66	0.89	0.91	0.98	1.05	1.11
湖北	1.21	1.31	1.64	1.65	1.65	1.73	1.81
湖南	0.8	1.01	1.17	1.16	1.19	1.30	1.33
广东	1.3	1.41	1.65	1.76	1.96	2.17	2.32
广西	0.37	0.46	0.61	0.66	0.69	0.75	0.75
海南	0.21	0.23	0.34	0.34	0.41	0.48	0.47
重庆	1.14	1.18	1.22	1.27	1.28	1.40	1.39
四川	1.32	1.28	1.51	1.54	1.4	1.47	1.52
贵州	0.5	0.57	0.67	0.65	0.64	0.61	0.59
云南	0.55	0.54	0.60	0.61	0.63	0.67	0.68
西藏	0.2	0.31	0.30	0.29	0.19	0.25	0.29
陕西	2.23	2.09	2.31	2.15	1.99	1.99	2.14
甘肃	0.95	1.00	1.10	1.02	0.97	1.07	1.07
青海	0.49	0.41	0.69	0.74	0.75	0.69	0.65
宁夏	0.84	0.69	0.77	0.68	0.73	0.78	0.81
新疆	0.28	0.38	0.51	0.49	0.50	0.53	0.54

数据来源：历年《中国科技统计年鉴》。

体现这种差异，选取我国各省、自治区、直辖市 R&D 强度的 2000 年、2005 年、2010 年、2013 年和 2000—2013 年的平均值做图，如图 8-1 所示。

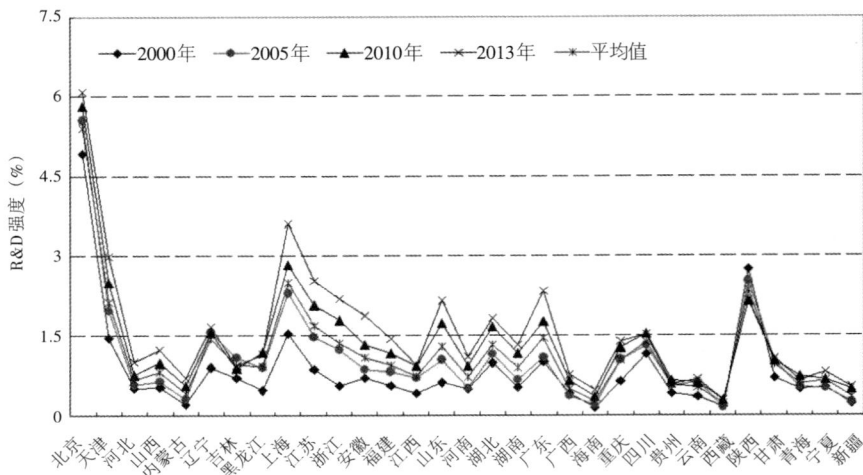

图 8-1 我国各区域 R&D 强度比较图

从图 8-1 可见我国各省、自治区、直辖市在 R&D 投入方面的差距一直存在，而且这种差距也没有缩小的趋势，相对来说上海、江苏、浙江、山东和广东的 R&D 投入有快速增长的趋势。从 R&D 强度的这种差异可以将我国各省、自治区、直辖市划分为不同的区域，每个不同的区域由于 R&D 投入力度的不同，可能导致其对经济增长的贡献也不相同。大多数文献在对我国各地区进行分类时都是基于《中国统计年鉴》中对东北、东部、中部和西部的划分进行的，但是这种纯地理的区域划分方式在研究研发投入与产出问题时是存在一定的问题的，比如海南虽然在经济、研发投入等许多方面并不属于东部发达地区，但是却把它划入东部地区，同样的陕西省作为研发投入的大省却补划入落后的西部地区；从时间跨度上看，在样本期的 14 年里有些省份研发投入力度比较大，也可能已经脱离了其原来所在的区域，这种动态变化在原来的分类方法中都是无法体现的，而面板门槛回归方法却可以更准确地将这一动态的变化反映出来，同时还可以依据不同的标准研究各省、自治区、直辖市研发投入对经济增长的作用，从而进行更准确的对各个省份进行定位，制定出更有针对性的政策。

8.3 模型的设定

8.3.1 线性模型的设定

在测试各生产要素对经济增长的影响时，最经典的模型就是柯布-道格拉斯（C-D）生产函数，其基本形式如式（8.1）所示：

$$Y = AK^{\alpha}L^{\beta} \tag{8.1}$$

式（8.1）中 A 表示科技进步系数，K 表示资本要素的投入，L 表示劳动要素的投入，α、β 分别表示资本投入的产出弹性和劳动投入的产出弹性。在 C-D 生产函数中，技术进步的影响被综合体现在常数 A 中，但是技术进步有多种来源，进行研发活动是促进技术进步的重要途径。通过研发活动，不仅可以促进知识的积累，而且可以在产出相同的情况下减少劳动或者资本的投入，促进技术进步。要进行研发活动，R&D 投入是必不可少的，为此将 R&D 投入作为一个新的生产要素引入 C-D 生产函数中，形成了改进后的 C-D 生产函数，如式（8.2）所示：

$$Y = AK^{\alpha}L^{\beta}RD^{\gamma} \tag{8.2}$$

式（8.2）中 RD 表示 R&D 投入，γ 表示 R&D 投入的产出弹性。改进后的 C-D 函数将原本分摊在资本和劳动要素上的科技创新要素的影响从函数中分离出来，形成独立的第三要素来反映 R&D 投入对产出的影响。本章在对 R&D 投入与区域经济发展关系的研究中就使用了改进后的 C-D 生产函数，一个地区的 C-D 生产函数可表示为式（8.3）：

$$Y_{it} = AK_{it}^{\alpha}L_{it}^{\beta}RD_{it}^{\gamma} \tag{8.3}$$

其中，i 表示地区，t 表示时间。A 表示科技进步系数，代表了除物质资本、劳动投入和 R&D 投入之外的所有其他影响产出的因素，Y_{it}、K_{it}、L_{it}、RD_{it} 分别表示第 i 个地区第 t 年的产出、资本要素的投入、劳动要素的投入以及 R&D 投入，α、β、γ 分别表示资本投入的产出弹性、劳动投入的产出弹性和 R&D 资金投入的产出弹性。对式（8.3）两边取对数，并设 a=LnA，得到式（8.4）：

$$LnY_{it} = a + \alpha LnK_{it} + \beta LnL_{it} + \gamma LnRD_{it} \tag{8.4}$$

将式（8.4）转换为经济计量模型为式（8.5）：

$$LnY_{it} = a + \alpha LnK_{it} + \beta LnL_{it} + \gamma \ln RD_{it} + \mu_{it} \tag{8.5}$$

其中 μ_{it} 表示随机误差项。

8.3.2 门槛回归模型的设定

考虑到我国各地区在科技投入水平、人力资本、政府支持力度和开放程度等各个方面都存在很大的差异，由此可能导致研发投入在不同地区的差异。因此本书主要考察这些方面的差异是如何影响研发投入对经济增长影响的，这些方面的差异是否存在一定的"门槛"，越过"门槛"的地区和没有越过"门槛"的地区在研发投入方面对经济增长的影响是不同的。传统的研究方法大多是依照某个影响指标对样本进行分组，但是这种方法的分组是固定的，无法反映各地区发展环境的动态变化，存在一定的局限性，门槛回归模型的发展为解决这一问题提供了更好的思路，为此本书引入 Hansen（1999）的门槛面板回归模型对这一问题进行研究。该方法的基本研究方法是依据影响因素本身的数据特点来内生地对地区进行分组，如果存在门槛，那么解释变量对被解释变量的影响就会存在明显的差异。其模型如（8.6）式所示：

$$y_{it} = \mu_i + \theta'_1 x_{it} I(q_{it} \leq \gamma) + \theta'_2 x_{it} I(q_{it} > \gamma) + e_{it} \tag{8.6}$$

其中 q_{it} 为门槛变量，γ 为门槛值，根据门槛变量是否大于门槛值，将样本数据分为两组，其影响系数分别为 θ_1 和 θ_2。$I\{\cdot\}$ 为指示函数，当 $q_{it} \leq \gamma$ 时，$I\{\cdot\}=1$，否则 $I\{\cdot\}=0$，其另一种更直观的形式如式（8.7）所示：

$$y_{it} = \begin{cases} \mu_i + \theta'_1 x_{it} + e_{it} & q_{it} \leq \gamma \\ \mu_i + \theta'_2 x_{it} + e_{it} & q_{it} > \gamma \end{cases} \tag{8.7}$$

根据门槛变量是否大于门槛值将观察值分为两个"机制"（regimes），不同"机制"的斜率显著不同。由于本书研究门槛变量越过门槛值，会不会导致 R&D 投入对经济增长的不同影响，因此将 R&D 投入作为受门槛变量影响的解释变量，则线性回归模型（8.5）的门槛回归模型如式（8.8）所示：

$$LnY_{it} = \beta_0 + \beta_1 LnK_{it} + \beta_2 LnL_{it} + \theta_1 LnRD_{it} I(q_{it} \leq \gamma) + \theta_2 LnRD_{it} I(q_{it} > \gamma) + e_{it} \qquad (8.8)$$

其中 e_{it} 为随机误差项。

8.3.3　门槛值的确定

门槛面板回归理论认为对于任意给定的门槛值 γ，可以使用最小二乘法估计出模型的系数，进而求出残差平方和，如式（8.9）所示：

$$S_1(\gamma) = \hat{e}_t(\gamma)'\hat{e}_t(\gamma) \qquad (8.9)$$

Chan（1993）和 Hansen（1999）认为最优门槛值 $\hat{\gamma}$ 是使得残差平方和最小的 γ 值，即式（8.10）：

$$\hat{\gamma} = \arg\min S_1(\gamma) \qquad (8.10)$$

因此，可以通过连续给出模型中的候选门槛值，来观察残差平方和的变化，从中选出残差平方和最小的候选门槛值，就是模型的最优门槛值。

在进行估计时，需要将样本按照门槛变量的大小进行升序排列，考虑到如果落到任何一组的样本值太少都会影响门槛的估计结果，因此 Hansen 首先将样本的最大和最小的1%或5%（本书选取了5%）直接分到两个组中，然后使用中间的98%或者90%的样本作为门槛值的候选范围。为了提高门槛值估计的精确度，在估计的时候 Hansen 使用了"格栅搜索法"（grid research），以0.25%作为格栅将候选门槛值进行格栅化处理，使用处理后的全部格栅点作为候选门槛值来计算模型的残差平方和 $S_1(\gamma)$，然后选择使得残差平方和最小的门槛值作为真实门槛值。

8.3.4　门槛效应的检验

（1）显著性检验

门槛回归模型进行显著性检验的目的是检验以门槛值划分的两组样本的估计参数是否显著不同。进行门槛效应显著性检验的零假设为式（8.11）：

$$H_0: \theta_1 = \theta_2 \qquad (8.11)$$

如果零假设 H_0 被接受，那么模型（8.8）不存在门槛值，门槛回归模型直接可以退化为线性模型（8.5）。但是在这种情况下，检验统计量的大样本分布并非"卡方分布"，而是受到干扰参数影响的"非标准（non-standard）分布"，门槛值 γ 无法识别，为此 Hansen（1996）提出使用"自助抽样法"（bootstrap）来模拟似然比统计量的渐近分布。零假设的似然比统计量的公式为式（8.12）：

$$F_1 = \frac{S_0 - S_1(\hat{\gamma})}{\hat{\delta}^2} \tag{8.12}$$

其中，S_0 为在零假设（即无门槛值）下的残差平方和加总，S_1 为存在门槛效应下的残差平方和加总。通过进行大量重复的计算，就可以得到零假设下 F_1 的 P 值。除了一个门槛值的检验程序外，为了确定是否存在两个或两个以上的门槛值，必须再进行两个门槛值的检验。如果拒绝LM 检验，则表示至少存在一个门槛值，接着假设一个估计得到的 $\hat{\gamma}_1$ 为已知，再进行下一个门槛值 γ_2 的搜寻。在确定了两个门槛之后，继续进行第三个门槛的检验，以此类推，直到无法拒绝零假设为止。多个门槛检验的原理与一个门槛的情况相同。

（2）一致性检验

当门槛回归模型存在显著性，即 $\theta_1 \neq \theta_2$ 时，Chan（1993）和 Hansen（1999）指出还必须进行一致性检验，即检验门槛的估计值是否是其真实值。其原假设为式（8.13）：

$$H_0: \gamma = \gamma_0 \tag{8.13}$$

为了检验原假设，他构建了 γ 的似然比统计量，如式（8.14）所示：

$$LR_1(\gamma) = \frac{S_1(\gamma) - S_1(\hat{\gamma})}{\hat{\delta}^2} \tag{8.14}$$

其中，$S_1(\hat{\gamma})$ 为原假设下估计得到的残差平方和，$\hat{\delta}^2$ 为原假设下估计得到的残差方差。此时统计量 LR_1 的分布也是非标准的，但 Hansen（1996）提出了一个简单的公式来计算其置信区间，即在显著性水平为 a 时，当 $LR_1(\gamma) > -2\ln(1 - \sqrt{1-a})$ 时，拒绝原假设。一般地，当 a 在 5% 的显著性水平下，LR_1 统计量的临界值为 7.35。

8.4 数据来源及相关检验

8.4.1 变量数据的选取

本书选取我国31个省、自治区、直辖市2000—2013年的相关数据进行研究，数据均来自各年的《中国统计年鉴》、《中国科技统计年鉴》、中经网数据库（www.cei.gov.cn）和各地区的统计年鉴。其中总产出使用各地区的国内生产总值表示，并利用各地区以2000年为基期的GDP价格指数进行平减处理；劳动要素选取各地区就业人数数据[①]；资本存量和R&D资本存量数据的计算见第4章，考虑到研发投入对经济增长作用的发挥具有一定的滞后效应，经过反复模拟，本书选取R&D资本存量的滞后一期。模型中各变量的统计特征见表8-2。

表8-2   变量的统计特征

变量名		均值	标准差	最小值	最大值	观测值
国内生产总值 （亿元）	全体	7 462.08	7 504.045	117.8	46 213.68	434
	组间		6 182.253	280.955	25 925.94	31
就业人数 （万人）	全体	2 408.241	1 751.848	124.18	6 580.4	434
	组间		1 764.522	157.136	6 135.5	31
固定资本存量 （亿元）	全体	19 135.39	19 348.17	375.725	115 323.4	434
	组间		13 819.95	1 143.852	53 795.85	31
R&D存量 （亿元）	全体	411.5087	662.3596	0.49457	4 166.832	434
	组间		485.403	2.702	1 845.866	31

8.4.2 门槛变量的选择

根据相关研究的成果，本书选取以下六个可能对R&D投入对经济

---

① 《中国统计年鉴》自2011年不再提供各地区的就业人数数据，故2011年及以后数据来自各地区的统计年鉴。

增长作用影响较大的变量作为门槛变量，分别从不同的角度测度依据各门槛变量的门槛值划分的不同区间研发投入对经济增长影响的差异性。

（1）R&D强度

R&D强度是指R&D经费投入占国内生产总值的比例，国际上通常采用这个指标衡量一个国家或者地区对科学创造与创新能力给予的资金支持程度。《世界科学报告》的研究表明，发达国家的R&D强度最高，约为2.5%左右；中等发达国家的R&D强度为1.5%左右；发展中国家的R&D强度为1%左右。根据发达国家的经验，一个国家在经济发展初期的R&D强度一般在0.5%~0.7%之间，国际上公认的经济起飞阶段的R&D强度为1.5%（江静，2006）。我国各省份R&D强度的差距很大，表8-3为2000—2013年我国各省份R&D强度的统计特征数据。

表8-3　　　　2000—2013年我国各省份R&D强度的统计特征

年份	平均值	标准差	最小值	最大值
2000	0.83	0.91	0.15	4.93
2001	0.84	0.86	0.14	4.61
2002	0.96	0.93	0.2	5.07
2003	0.98	0.93	0.16	5.1
2004	1.02	0.96	0.16	5.24
2005	1.08	1.01	0.14	5.55
2006	1.12	0.99	0.17	5.5
2007	1.15	0.98	0.2	5.4
2008	1.19	0.96	0.23	5.25
2009	1.35	0.98	0.3	5.5
2010	1.35	1.04	0.29	5.82
2011	1.38	1.05	0.19	5.76
2012	1.47	1.10	0.25	5.95
2013	1.54	1.15	0.29	6.08

从表8-3可以看出，我国各省份R&D强度的差异很大，而且其标准差还有不断加大的趋势。如图8-1所示，我国R&D强度较大的地区基本集中在北京、上海等东部发达地区，西部偏远地区的R&D强度很低，特别是西藏，那么是否那些R&D强度越大的省份其研发投入对经济增长的作用就越大呢？为寻找答案本书选取R&D强度作为门槛变量来对这个问题进行相关的研究。

（2）人力资本

Nelson 和 Phelps（1966），Romer（1990），Grossman 和 Helpman（1991），Aghion 和 Howitt（1992）在内生增长理论中提出，人力资本是促进经济增长的重要因素。他们强调了从业人员的教育水平会通过技术创新和技术外溢带来经济增长。Lucas（1988）认为经济增长率取决于人力资本的增长率，持续增加的人力资本能够促进经济增长。Lai 等（2006），Kuo 和 Yang（2008）使用中国的省际数据进行了回归分析，在模型中引入了人力资本与FDI的交互项来模拟人力资本对外国知识技术的吸收是如何影响经济增长的。这两项研究都发现国外技术和知识是否能使中国获益取决于我国国内的人力资本水平。受过教育的从业人员是影响研发投入对经济增长作用发挥的一个重要因素，因此大多数研究通常以受教育水平来表示人力资本（如Lucas，1988；Becker等，1990；Romer，1990等）。赖明勇等（2005）认为人力资本对经济增长具有双重效应：一方面，人力资本投资可以通过提高劳动者受教育程度、职业技能、技术熟练程度而直接增加产出水平；另一方面，人力资本还通过提高本国的技术吸收能力和研发水平而间接促进经济增长。在现有文献中对人力资本的计算方法较多，采用的指标也各不相同，如平均受教育年限、中小学入学率、人口识字率、每万人大学生人数、教育支出占GDP比重等，Barro与Lee（1993）以不同教育水平的人口占总人口的比例作为衡量人力资本的指标的方法目前在实证研究中采用的比较多，因此本研究也选择这种平均受教育年限法来计算人力资本。设定不同教育水平的受教育年限为：不识字或识字很少的为0年，小学为6年，初中为9年，高中为12年，大学及以上为16年，以各受教育水平在人口中的比例作为权重计算获得。各省份人口受教育程度数据来自各年度的《中国人口与就业统计年鉴》。图 8-2 为我国各省份 2000 年、2005 年、2010 年和 2013 年的人力资本情况。

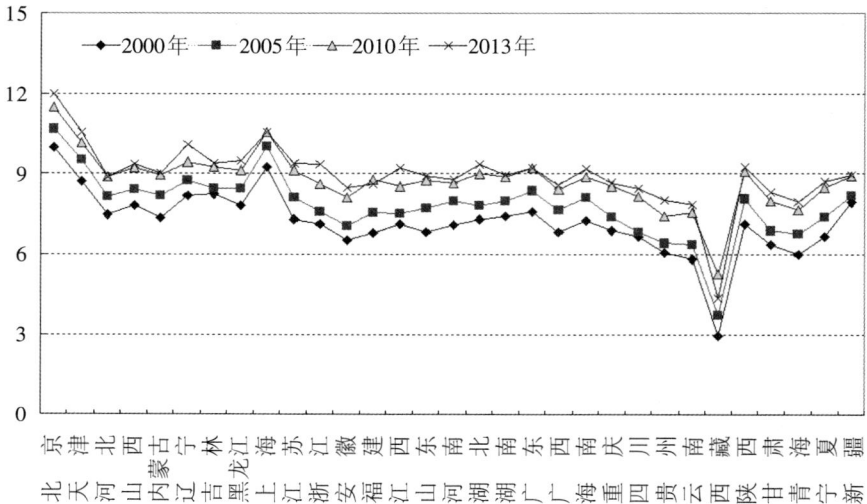

图 8-2　我国各省份人力资本变化图

从图 8-2 可以看出，我国各省份的人力资本分布是不均衡的，其中西藏最低，云南、贵州等边远地区的人力资本较北京、天津、上海、辽宁等沿海发达地区有很大的差距，而且随时间的推移，这些差距没有丝毫缩小的迹象。在此选择人力资本作为门槛变量来考察是否人力资本越高的地区，其研发投入对经济增长的作用越大的问题。

（3）政府 R&D 经费

R&D 活动需要大量的经费，具有较高的风险性和不确定性，预测 R&D 活动未来到底能带来多大的收益是非常困难的（Rosenberg，1998），同时 R&D 活动的成果可能需要经过相当长的一段时间才能够显现出来，而且一些基础研究具有公共产品的特性，企业对于这样的研发活动的积极性是较低的，因此，对于这种公共性强的基础研究，企业都会更多地依赖于政府的投资（Bebczuk，2000，2001）。在大多数情况下，研发市场的投入是不足的，此时就特别需要政府发挥其调节作用，在这些基础研究方面政府的支持力度就显得特别重要。但是政府的

R&D投入也可能对企业的R&D投入具有挤出效应，姚洋、章奇（2001）认为政府在R&D投资方面占主导地位并不是一种有效率的状态，政府所创办的公共研究机构（包括各级科研院所等）的R&D支出对企业R&D效率有负面影响。图8-3为我国各省份2000年、2005年、2010年和2013年R&D经费中政府R&D经费所占比例的情况。

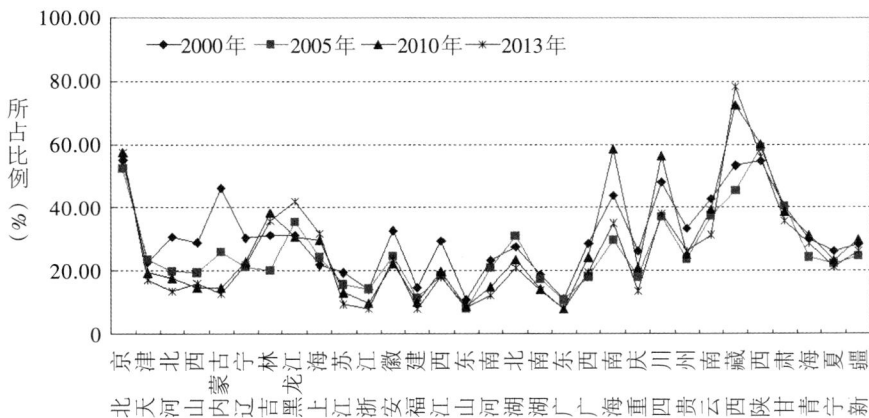

图8-3 我国各省份政府R&D经费在R&D经费中所占比例情况图

从图8-3可见，我国各省份R&D经费中政府R&D经费所占比例也存在着很大的差异，我国西藏、海南、四川、陕西等西部地区和经济发达地区的北京市政府R&D经费投入的比例最高，基本都达到或者超过了60%，而沿海发达地区，如江苏、浙江、上海、山东和广东的比例则相对很低，不到20%。这种现象表明，由于偏远地区自身经济落后，政府在R&D经费投入上是有所倾斜的，政府在这些地区的R&D投入较多，而沿海发达地区的R&D经费基本是依赖企业投入的。政府的这种R&D经费投入的倾斜政策是否会有助于偏远地区的研发投入对经济增长的作用增强呢？为了研究这个问题在此选择政府R&D经费占R&D经费比例作为门槛变量。

（4）外国直接投资

外国直接投资是国际资本流动的主要方式，相关研究表明，开放的国家全要素生产率会受到FDI的影响，FDI不仅可以增加东道国的资本存量，提高投资质量，最重要的是大量的FDI可以对东道国产生技术外溢，从而使东道国的技术水平、组织效率都得以提高，最终提高全要素生产率（沈坤荣和耿强，2001）。但是相关研究也表明，外国直接投资对东道国 R&D 投入的影响具有很大的不确定性。一方面，开放环境下的 FDI 可以充当传播新思想、新技术和新管理理念的工具，有可能产生技术溢出效应，同时国外公司带来的竞争压力也可能对国内企业的研发产生一种积极的外部冲击，从而可能刺激国内企业加大科技研发力度；另一方面，接受 FDI 的企业也可能通过技术升级和竞争将技术水平较低的国内企业挤出市场。Cavas（1974）、Blomstrom 和 Kokko，Zejan（1994）、Kokko（1994）等的研究大都支持 FDI 在发达国家会产生技术溢出效应，而在发展中国家溢出效应不明显。针对中国 FDI 的具体特点，我国学者也进行了相应的研究，如何洁和许罗丹（1999）的研究结果表明，我国 28 个省份中有 7 个省份 FDI 的溢出效应不明显，从而认为 FDI 的溢出效应为正向或者不明显；潘文卿（2003）从中国地区分布角度进行研究，其研究结果表明，溢出效应作用是正向的，但是作用不大，西部地区溢出效应不明显，东部地区较小，中部地区相对较大；张海洋（2005）在研究外资进入对内资企业生产效率增长的影响时发现，如果剔除内资企业自主研发的因素，FDI 对国内企业生产效率提高的影响不显著。但是，王红领等（2006）的研究则发现，FDI 对我国内资企业的研发能力有显著的促进作用，如果某一个行业外资进入程度提高得越快，则该行业内资企业的研发能力也提高得越快；沈坤荣（1999）的研究表明，FDI 占 GDP 的比重每增加 1 个百分点，全要素生产率提高 0.37 个单位；肖兴志、王海（2013）认为总体来说 FDI 对各个省份创新都起到了促进作用。这两方面的影响到底哪一个更大，国内外许多学者都对此进行了研究，但是始终没有得到一个统一的结论。图 8-4 为我国各省份 2000 年、2005 年、2010 年和 2013 年的 FDI 情况图。

从图 8-4 可见，我国各省份在 FDI 方面的差异也是非常巨大的，东部沿海地区的 FDI 明显要高，而且在近些年，这种差距还呈现了迅速扩大的趋势，而西部偏远地区的 FDI 则非常少。这些高 FDI 的地区是否 R&D 经费的投入对经济增长的促进作用就大，FDI 的大量涌入在这个过

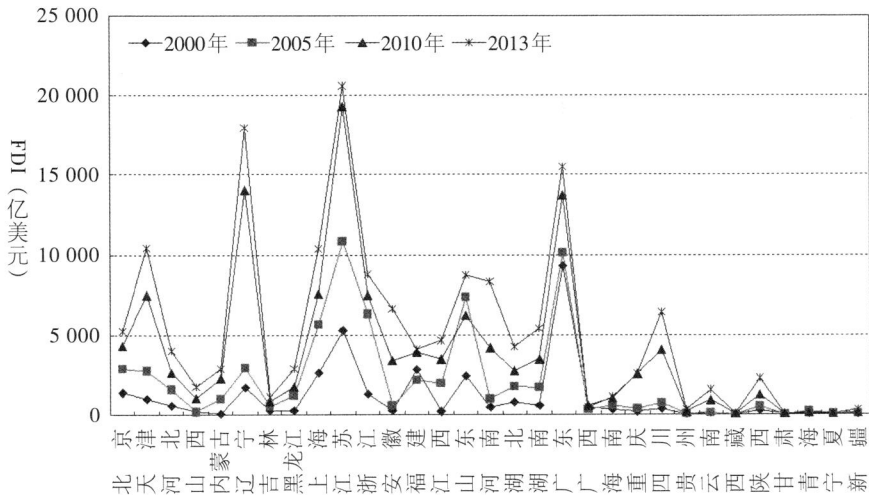

图8-4　我国各省份FDI情况图

程中FDI（亿美元）到底是溢出效应还是挤出效应都有待实证做进一步地检验。考虑到FDI必须达到一定的量才可能影响R&D投入对经济增长的作用，因此在此选取各地区外商直接投资当年值作为衡量的指标来对这个问题进行研究。

（5）外贸交易额

进出口总额是构成国内生产总值的一部分，它对R&D活动具有双向的影响。一方面，由于缺乏必要的人力资本和知识资本的积累，对于那些在生产高科技产品方面处于比较弱势的国家，进出口贸易会使这些国家减少R&D活动（Grossman与Helpman，1991），国际贸易中最终科技密集型产品在避免了重复R&D研究之余，改进了世界资源的有效配置，但是与此同时，也逐渐将一些不发达国家从R&D产业中"驱逐"出去；另一方面，跨越国界的技术溢出为技术落后国家提供了模仿技术前沿国技术的机会，模仿的过程是一个"干中学"的过程，在这一过程中，落后国家可以提高其技术水平，从而使其国内R&D活动能够在更高的平台上进行，并刺激R&D的需求。Coe、Helpman和Hoffmaister（2009）从77个发展中国家和22个发达国家的样本研究中发现，发展中国家通过和发达国家的国际贸易提升了自己的劳动生产率。但是，这两方面的效应到底哪一个的作用会更大具有很大的不确定性。考虑到只有当外贸交易额达到一定量时,才可能对R&D活动产生影响,故在此各地区进出口总额的当年值作为门槛变量进行考察。图8-5为我国各省份2000年、2005年、2010年和2013年进出口总额的情况图。

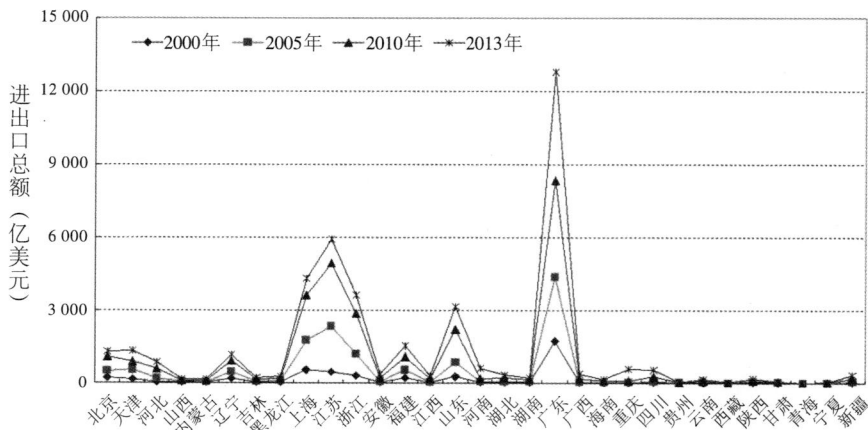

图8-5 我国各省份进出口总额情况图

从图8-5可见,我国广东省进出口总额最高,上海、江苏、浙江、山东次之,而且这些省份的进出口额近几年增长得很快,而其他地区都很少,而且近几年也没有什么变化。这种地区性差异主要和这些地区的地理位置有直接的关系,那么这种格局是否会对我国各地区R&D投入与产出的关系产生影响呢?下面会对这个问题进行具体的研究。

(6) 产业结构

根据产业经济学的经典理论,产业结构变动是经济增长的内在要求和重要推动,而不同的产业结构进行R&D投入的力度是不同的。联合国教科文组织在1971年出版的《科学应用与发展》一书中,通过对多个国家的R&D投资规模进行比较研究,得出了这样的结论:处于工业化初期阶段的国家,R&D强度一般小于1.0%;工业化中期阶段国家的R&D强度一般在1.5%以上,产业结构也迅速向技术密集和资本密集的方向调整,并对先进技术有较强的消化与吸收能力;进入工业化后期的发达国家,其R&D强度一般都在2.0%以上,第三产业成为国民经济的主导产业(莫燕等,2003)。直接的观察表明,一个国家第一产业的

R&D活动相对较低，而第二产业和第三产业的R&D活动相对活跃（江静，2006）。刘伟和张辉（2008）的研究表明，产业结构变迁推动了中国经济的显著增长，但是这种推动力随着改革的推进在逐步减弱；孙皓和石柱鲜（2011）认为产业结构调整的持续性和稳定性与经济增长的整体质量密切相关，产业结构调整是经济增长变化的重要原因；周少甫等（2013）的研究表明产业结构的转化是推动经济增长的重要原因。因此不同的产业结构必然会影响到R&D投入对经济增长作用的发挥。在此分别选取第二产业占GDP比例和第三产业占GDP比例这两个指标来衡量各地区产业结构的变化。

8.4.3 门槛检验

在选择了门槛变量后，要对门槛效应进行检验。根据Hausman检验的结果，选择固定效应模型，并使用Hansen（1999）的Bootstrap方法计算p值，次数为1 000次，检验结果见表8-4。

表8-4　　　　　　模型（8.8）的门槛检验结果

门槛变量		阈值	F值	P值	临界值		
					10%	5%	1%
R&D强度	第一门槛	0.461	43.489	0.000	9.221	10.779	15.197
	第二门槛	1.261	10.531	0.032	8.134	9.772	12.971
	第三门槛	0.690	8.793	0.104	8.870	10.860	14.422
人力资本	第一门槛	7.457	44.622	0.000	10.653	12.539	16.805
	第二门槛	9.441	36.155	0.000	10.282	12.030	15.760
	第三门槛	8.680	10.950	0.067	9.977	11.607	15.450
政府R&D经费投入所占比例	第一门槛	0.439	46.926	0.000	8.397	10.323	14.250
	第二门槛	0.119	8.599	0.076	8.074	9.551	14.633
	第三门槛	0.095	4.881	0.373	7.903	9.317	13.558

续表

门槛变量		阈值	F值	P值	临界值		
					10%	5%	1%
FDI	第一门槛	151.200	49.843	0.000	9.633	11.780	14.876
	第二门槛	23.393	18.807	0.005	9.091	10.255	13.454
	第三门槛	1 451.065	14.523	0.006	9.258	10.605	13.235
国际贸易	第一门槛	2 251.603	4.656	0.3817	7.411	8.878	11.514
	第二门槛	869.030	5.191	0.365	9.847	12.488	20.346
	第三门槛	3 481.873	2.056	0.869	8.292	10.508	14.347
第三产业占GDP比例	第一门槛	0.427	21.375	0.000	7.684	9.281	13.413
	第二门槛	0.371	5.940	0.234	7.755	9.439	12.803
	第三门槛	0.416	3.156	0.781	8.251	10.049	12.832
第二产业占GDP比例	第一门槛	0.527	7.418	0.113	7.755	9.081	11.496
	第二门槛	0.452	6.156	0.239	8.100	9.469	12.673
	第三门槛	0.405	7.437	0.137	8.205	9.462	13.702

从表8-4的检验结果可知，当门槛变量为R&D强度时，模型（8.8）在5%的显著性水平下存在两个门槛，分别为0.461和1.261；当门槛变量为人力资本时，模型（8.8）在10%的显著性水平下存在三个门槛，分别为7.457、8.68和9.441；当门槛变量为政府R&D投入所占比例时，模型（8.8）在10%的显著性水平下存在两个门槛，分别为0.119和0.439；当门槛变量为FDI时，模型（8.8）在1%的显著性水平下存在三个门槛，分别为23.393、151.2和1 451.065；当门槛变量为国际贸易时，模型（8.8）接受了原假设，即不存在门槛；当门槛变量为第三产业占GDP比例时，模型（8.8）在1%的显著性水平下存在一个门槛，为0.427；当门槛变量为第二产业占GDP比例时，模型（8.8）接受了原假设，即不存在门槛。

8.5 实证研究

8.5.1 门槛模型回归

门槛检验的结果表明，模型（8.8）存在门槛效应，因此采用 Hansen（1999）的面板门槛回归模型对模型（8.8）进行回归，得到模型门槛回归的估计结果如表8-5所示：

表8-5　　　　　　　　模型（8.8）门槛回归结果

变量	R&D强度	人力资本	政府R&D经费投入所占比例	FDI	第三产业占GDP比例
C	−0.333*** (−2.147)	−0.785*** (−4.489)	0.118 (0.674)	−0.128 (0.842)	−0.766*** (−4.599)
Lnl	0.265*** (18.151)	0.377*** (18.970)	0.248*** (17.476)	0.286*** (19.325)	0.284*** (17.521)
Lnk	0.638*** (32.221)	0.653*** (24.394)	0.604*** (21.705)	0.637*** (25.446)	0.712*** (27.424)
Lnrd_1	0.281*** (9.978)	0.006 (0.312)	0.183*** (10.727)	0.043*** (2.622)	0.079*** (4.796)
Lnrd_2	0.182*** (9.218)	0.053*** (3.040)	0.170*** (10.214)	0.078*** (5.482)	0.101*** (6.854)
Lnrd_3	0.162*** (3.857)	0.068*** (3.982)	0.134*** (9.370)	0.106*** (2.954)	
Lnrd_4		0.101*** (7.186)		0.125*** (8.812)	
R²	0.9770	0.9790	0.9772	0.9786	0.9782

注：参数估计值下面括号里数值表示t检验值，***、**、*分别代表参数估计值在1%、5%、10%水平上显著。

（1）R&D 强度。以 R&D 强度为门槛变量的回归结果表明当 R&D 强度低于 0.461 时，R&D 投入对经济增长的系数为 0.281，R&D 强度位于 0.461 和 1.261 之间时，其系数为 0.482，当 R&D 强度高于 1.261 时，其系数下降为 0.162。这个结果非常令人深思，虽然从整体上看，R&D 投入对经济增长的弹性已经接近劳动力投入的弹性，但是 R&D 强度的增大并没有使得其对经济增长的弹性增大，而是出现了逐渐减小的现象。

（2）人力资本。当以人力资本作为门槛变量时，人力资本小于 7.457 时，R&D 投入对经济增长的弹性不显著，当人力资本位于 7.457 和 8.686 之间时，R&D 投入对经济增长的弹性为 0.053，当人力资本位于 8.686 和 9.441 之间时，R&D 投入对经济增长的弹性为 0.068，当人力资本大于 9.441 时，R&D 投入对经济增长的弹性增强为 0.101。由此可见，随着人力资本的增加，R&D 投入对经济增长的作用在不断增强。

（3）政府 R&D 经费投入所占比例。当以政府 R&D 经费投入所占比例作为门槛变量时，政府 R&D 经费所占比例小于 11.9% 时，R&D 投入对经济增长的弹性为 0.183，当这个比例位于 11.9% 和 43.9% 之间时，R&D 投入对经济增长的弹性为 0.170，当该比例大于 43.9% 时，R&D 投入对经济增长的弹性为 0.134。可见随着政府 R&D 经费投入比例的增加，R&D 投入对经济增长的作用在不断下降。

（4）外国直接投资（FDI）。当以 FDI 作为门槛变量时，FDI 小于 23.393 时，R&D 投入对经济增长的弹性为 0.043；当其位于 23.393 和 151.2 之间时，R&D 投入对经济增长的弹性为 0.078；当其位于 151.2 和 1 451.065 之间时，R&D 投入对经济增长的弹性为 0.106；当其大于 1 451.065 时，R&D 投入对经济增长的弹性为 0.125。可见随着 FDI 金额的不断增大，R&D 投入对经济增长的弹性也在不断增强。

（5）第三产业占 GDP 比例。当以第三产业占 GDP 比例时，第三产业占 GDP 比例小于等于 0.427 时，R&D 投入对经济增长的弹性为 0.079，当其越过 0.427 的门槛后，R&D 投入对经济增长的弹性上升到 0.101，这说明第三产业在 GDP 中比例的提高可以促进 R&D 投入对经济增长作用的发挥。

8.5.2 回归结果分析

本研究利用 2000—2013 年我国 31 个省、自治区、直辖市的相关数据进行门槛回归结果，结果表明分别以 R&D 强度、人力资本、政府经费占 R&D 经费比例、FDI 和第三产业占 GDP 比例作为门槛变量时，R&D 投入对经济增长的作用都存在门槛效应。

（1）R&D 强度。以 R&D 强度为门槛变量时，当其小于等于 0.461 时，R&D 投入对经济增长的弹性为 0.281，当其大于 0.461 但小于等于 1.261 时，弹性为 0.182，当其大于 1.261 时，弹性为 0.162。这个结果从总体上看，R&D 投入对经济增长具有积极的促进作用，但是随着 R&D 强度的不断增强，R&D 投入对经济增长的弹性却呈现不断下降的趋势，这表明在样本期内 R&D 经费投入高的地区 R&D 经费对经济增长的作用反倒没有 R&D 经费投入低的地区高，这个结果与严成樑、龚六堂（2013）的研究结果一致，即 R&D 规模对我国经济增长具有抵制作用。表 8-6 列举了不同年份落入不同 R&D 强度区间的地区。

表 8-6　　　　　2000—2013 年不同 R&D 强度区间的省份表

年份	区间		
	R&D 强度≤0.461	0.461<R&D 强度≤1.261	R&D 强度>1.261
2000 年	内蒙古、江西、广西、贵州、云南、西藏、新疆（7 个）	河北、山西、辽宁、吉林、黑龙江、江苏、浙江、安徽、福建、山东、河南、湖北、湖南、广东、重庆、四川、甘肃、青海、宁夏（19 个）	北京、天津、上海、陕西（4 个）
2001 年	内蒙古、江西、广西、海南、云南、西藏、青海、宁夏、新疆（9 个）	河北、山西、辽宁、吉林、黑龙江、江苏、浙江、安徽、福建、山东、河南、湖北、湖南、广东、重庆、贵州、甘肃（17 个）	北京、天津、上海、四川、陕西（5 个）

年份	区间		
	R&D 强度≤0.461	0.461<R&D 强度≤1.261	R&D 强度>1.261
2002 年	内蒙古、广西、海南、云南、西藏、新疆（6个）	河北、山西、吉林、黑龙江、江苏、浙江、安徽、福建、江西、山东、河南、湖北、湖南、广东、重庆、贵州、甘肃、青海、宁夏（19个）	北京、天津、辽宁、上海、四川、陕西（6个）
2003 年	内蒙古、广西、海南、云南、西藏、新疆（6个）	河北、山西、吉林、黑龙江、江苏、浙江、安徽、福建、江西、山东、河南、湖北、湖南、广东、重庆、贵州、甘肃、青海、宁夏（19个）	北京、天津、辽宁、上海、四川、陕西（6个）
2004 年	内蒙古、广西、海南、云南、西藏、新疆（6个）	河北、山西、吉林、黑龙江、浙江、安徽、福建、江西、山东、河南、湖北、湖南、广东、重庆、四川、贵州、甘肃、青海、宁夏（19个）	北京、天津、辽宁、上海、江苏、陕西（6个）
2005 年	内蒙古、广西、海南、西藏、新疆（5个）	河北、山西、吉林、黑龙江、浙江、安徽、福建、江西、山东、河南、湖北、湖南、广东、重庆、贵州、云南、甘肃、青海、宁夏（19个）	北京、天津、辽宁、上海、江苏、四川、陕西（7个）
2006 年	内蒙古、广西、海南、西藏、新疆（5个）	河北、山西、吉林、黑龙江、安徽、福建、江西、山东、河南、湖北、湖南、广东、重庆、四川、贵州、云南、甘肃、青海、宁夏（19个）	北京、天津、辽宁、上海、江苏、浙江、陕西（7个）
2007 年	内蒙古、广西、海南、西藏、新疆（5个）	河北、山西、吉林、黑龙江、安徽、福建、江西、山东、河南、湖北、湖南、重庆、贵州、云南、甘肃、青海、宁夏（17个）	北京、天津、辽宁、上海、江苏、浙江、广东、四川、陕西（9个）

年份	区间		
	R&D强度≤0.461	0.461<R&D强度≤1.261	R&D强度>1.261
2008年	内蒙古、广西、海南、西藏、青海、新疆（6个）	河北、山西、吉林、黑龙江、安徽、福建、江西、河南、湖南、重庆、贵州、云南、甘肃、宁夏（14个）	北京、天津、辽宁、上海、江苏、浙江、山东、湖北、广东、四川、陕西（11个）
2009年	海南、西藏（2个）	河北、山西、内蒙古、吉林、黑龙江、福建、江西、河南、湖南、重庆、贵州、云南、甘肃、青海、宁夏、新疆（16个）	北京、天津、辽宁、上海、江苏、浙江、安徽、山东、湖北、广东、重庆、四川、陕西（13个）
2010年	海南、西藏（2个）	河北、山西、内蒙古、吉林、黑龙江、福建、江西、河南、湖南、广西、贵州、云南、甘肃、青海、宁夏、新疆（16个）	北京、天津、辽宁、上海、江苏、浙江、安徽、山东、湖北、广东、重庆、四川、陕西（13个）
2011年	海南、西藏（2个）	河北、山西、内蒙古、吉林、黑龙江、福建、江西、河南、湖南、广西、贵州、云南、甘肃、青海、宁夏、新疆（16个）	北京、天津、辽宁、上海、江苏、浙江、安徽、山东、湖北、广东、重庆、四川、陕西（13个）
2012年	西藏（1个）	河北、山西、内蒙古、吉林、江西、黑龙江、河南、广西、海南、贵州、云南、甘肃、青海、宁夏、新疆（15个）	北京、天津、辽宁、上海、江苏、浙江、安徽、福建、山东、湖北、湖南、广东、重庆、四川、陕西（15个）
2013年	西藏（1个）	河北、山西、内蒙古、吉林、江西、黑龙江、河南、广西、海南、贵州、云南、甘肃、青海、宁夏、新疆（15个）	北京、天津、辽宁、上海、江苏、浙江、安徽、福建、山东、湖北、湖南、广东、重庆、四川、陕西（15个）

从表8-6可以看出，随着时间的推移，R&D投入较低的省份越来越少，从最多时的9个下降到了如今的1个。这说明我国R&D投入较低的省份近些年都加大了R&D投入力度，特别是2008年以来处于这个区间的省份只剩下了海南和西藏。处于R&D投入中等区间中的省份个数变化不大，但是其中的成员却发生了很大的变化，江苏、浙江、山东、广东等省份随着R&D投入的增大，都逐渐进入高投入地区，使得R&D高投入地区从最早的北京、上海、四川和陕西4个省市逐渐扩大到2013年的15个省市。但是从各省份在各个不同区域的相对比例来看，R&D投入高的地区主要有北京、天津、辽宁、上海、江苏、浙江、山东、湖北、广东、四川和陕西，这里面绝大部分省市都是我国东部经济发达地区，它们大多有着得天独厚的优势，或者自身经济发达，或者由于某些特殊的原因能够得到国家R&D资金的大量投入，这些地区大量的R&D经费并没有使其对经济增长的作用比其他R&D经费较少的地区更大，其原因可能是存在投入结构不合理，或者存在经费浪费的可能，同时也可能体现了R&D投入边际效益递减的特点，因此对于这类地区应该主要以提高投入产出效率为主，如何合理地利用R&D经费，使其发挥更大的效率是摆在这些R&D强度高的地区面前的主要问题；R&D强度低的地区主要有内蒙古、海南、西藏、广西、贵州、云南、青海、宁夏和新疆，总体上来看这些省份大都属于西部经济欠发达地区，这些地区在经济发展的过程中应该是有着强烈的创新意识，但是受制于R&D经费匮乏，因此应该加大R&D投入力度，也许会将得到的R&D经费更好地用在"刀刃"上，从而发挥更大的作用；绝大多数中部省份都属于R&D强度中等的地区，对这些地区来说，其所面临的问题也许是多方面的，一方面这些地区经济上也处于中等水平，R&D经费没有发达地区充足，但另一方面这些地区却已经出现了R&D经费边际效用递减的现象。从R&D强度来看，这些地区基本上都达到了国际公认的经济起飞阶段标准，即R&D强度达到了1.5%，但与发达地区尚存在一定的差距，因此还有一定的提升空间，但是在加大R&D经费投入的同时，也必须注意经费的投入结构问题，尽量避免经费的浪费。

（2）人力资本。门槛回归的结果表明人力资本小于 7.457 时，R&D 投入对经济增长的弹性不显著，当人力资本位于 7.457～8.686 之间时，R&D 投入对经济增长的弹性为 0.053，当其位于 8.686～9.441 之间时，R&D 投入对经济增长的弹性为 0.068，当其大于 9.441 时，R&D 投入对经济增长的弹性增强为 0.101。可见随着人力资本的增长，R&D 经费投入对经济增长的作用是在不断增强的。表 8-7 为我国各省、自治区、直辖市 2000—2013 年人力资本在不同区间的变化情况的统计分类。

表 8-7　　　　2000—2013 年不同人力资本区间的省份表

年份	H≤7.457	7.457<H≤8.686	8.686<H≤9.441	H>9.441
2000 年	内蒙古、江苏、浙江、安徽、福建、江西、山东、河南、湖北、湖南、广西、海南、重庆、四川、贵州、云南、西藏、陕西、甘肃、青海、宁夏（21）	河北、山西、辽宁、吉林、黑龙江、广东、新疆（7）	天津、上海（2）	北京（1）
2001 年	浙江、安徽、重庆、四川、贵州、云南、西藏、甘肃、青海、宁夏（10）	河北、山西、内蒙古、辽宁、吉林、黑龙江、江苏、福建、江西、山东、河南、湖北、湖南、广东、广西、海南、陕西、新疆（17）	天津（1）	北京、上海（2）
2002 年	安徽、福建、湖北、重庆、四川、云南、西藏、陕西、甘肃、青海、宁夏（11）	河北、山西、内蒙古、辽宁、吉林、黑龙江、江苏、浙江、江西、山东、河南、湖南、广东、广西、海南、新疆（16）	天津（1）	北京、上海（2）

年份	H≤7.457	7.457<H≤8.686	8.686<H≤9.441	H>9.441
2003年	四川、贵州、云南、西藏、甘肃、青海、宁夏（7）	河北、山西、内蒙古、黑龙江、江苏、浙江、安徽、福建、江西、山东、河南、湖北、湖南、广东、广西、海南、重庆、陕西、新疆（19）	天津、辽宁、吉林（3）	北京、上海（2）
2004年	重庆、四川、贵州、云南、西藏、甘肃、青海（7）	河北、山西、内蒙古、黑龙江、江苏、浙江、安徽、福建、江西、山东、河南、湖北、湖南、广东、广西、海南、陕西、宁夏、新疆（19）	辽宁、吉林（2）	北京、天津、上海（3）
2005年	安徽、重庆、四川、贵州、云南、西藏、甘肃、青海、宁夏（9）	河北、山西、内蒙古、吉林、黑龙江、江苏、浙江、福建、江西、山东、河南、湖北、湖南、广东、广西、海南、陕西、新疆（18）	辽宁（1）	北京、天津、上海（3）
2006年	安徽、四川、贵州、云南、西藏、甘肃、青海（7）	河北、内蒙古、吉林、黑龙江、江苏、浙江、福建、江西、山东、河南、湖北、湖南、广东、广西、海南、重庆、陕西、宁夏、新疆（19）	山西、辽宁（2）	北京、天津、上海（3）
2007年	安徽、四川、贵州、云南、西藏、甘肃、青海（7）	河北、内蒙古、江苏、浙江、福建、江西、山东、河南、湖北、湖南、广东、广西、海南、重庆、陕西、宁夏、新疆（17）	山西、辽宁、吉林、黑龙江（4）	北京、天津、上海（3）

续表

年份	H≤7.457	7.457<H≤8.686	8.686<H≤9.441	H>9.441
2008年	安徽、贵州、云南、西藏、甘肃、青海（6）	河北、内蒙古、江苏、浙江、福建、江西、山东、河南、湖北、湖南、广西、海南、重庆、四川、陕西、宁夏、新疆（17）	山西、辽宁、吉林、黑龙江、广东（5）	北京、天津、上海（3）
2009年	贵州、云南、西藏、甘肃、青海（5）	河北、内蒙古、江苏、浙江、安徽、福建、江西、山东、河南、湖北、湖南、广西、海南、重庆、四川、陕西、宁夏、新疆（18）	山西、辽宁、吉林、黑龙江、广东（5）	北京、天津、上海（3）
2010年	海南、西藏（2）	浙江、安徽、江西、河南、广西、重庆、四川、云南、甘肃、青海、宁夏（11）	河北、山西、内蒙古、吉林、黑龙江、江苏、福建、山东、湖北、湖南、广东、海南、陕西、新疆（14）	北京、天津、辽宁、上海（4）
2011年	西藏（1）	河北、安徽、山东、广西、四川、贵州、云南、甘肃、青海、宁夏（10）	山西、内蒙古、吉林、黑龙江、江苏、浙江、福建、江西、河南、湖北、湖南、广东、海南、重庆、陕西、新疆（16）	北京、天津、辽宁、上海（4）

年份	H≤7.457	7.457<H≤8.686	8.686<H≤9.441	H>9.441
2012年	西藏（1）	安徽、福建、河南、广西、重庆、四川、贵州、云南、甘肃、青海、宁夏（11）	河北、山西、内蒙古、吉林、黑龙江、江苏、浙江、江西、山东、湖北、湖南、广东、海南、陕西、新疆（15）	北京、天津、辽宁、上海（4）
2013年	西藏（1）	安徽、福建、广西、重庆、四川、贵州、云南、甘肃、青海（9）	河北、山西、内蒙古、吉林、江苏、浙江、江西、山东、河南、湖北、湖南、广东、海南、陕西、宁夏、新疆（16）	北京、天津、辽宁、黑龙江、上海（5）

从表8-7可以看出，我国各省、自治区、直辖市人力资本的增长情况还是相当乐观的，2000年人力资本处于第一区间，即人力资本≤7.457的省份为21个，到2007年减少到7个，2010年仅有海南和西藏两个省份，自2011年开始就只剩下西藏一个自治区了；相应地2000年处于第三个区间8.686～9.441之间的只有天津和上海两个市，而处于人力资本最高区间的只有北京市一个，2007年位于第三区间的省市增加到了4个，位于最高区间的省市增加到了3个，2013年位于第三区间的省份增加到了16个，最高区间的省市增加到了4个。由此可见我国各省份还是非常重视对教育的投入的，这是人力资本增长的主要原因。根据相关理论，无论是研发活动，还是FDI投资都需要较高的人力资本做基础，只有拥有相应的人力资本，才能吸收各方面的知识溢出，并提高研发效率，因此继续加大对教育的投入，提高人力资本的水平是促进研发投入对经济增长作用的重要途径。

（3）政府 R&D 投入占 R&D 经费的比例。门槛回归的结果表明，政府 R&D 经费所占比例小于等于 11.9% 时，R&D 投入对经济增长的弹性为 0.183，当这个比例位于 11.9%～43.9% 之间时，R&D 投入对经济增长的弹性为 0.170，当该比例大于 43.9% 时，R&D 投入对经济增长的弹性为 0.134。随着政府 R&D 投入在 R&D 经费中所占比例的提高，R&D 经费投入对经济增长的促进作用是在下降的，而且当这一比例大于 43.9% 时，该弹性下降得非常快。但是必须注意到，无论在哪一个区间，R&D 投入与经济增长都保持了较大的正相关关系，这可能是由于 R&D 产品具有公共产品的性质，企业是追求自身利益最大化的，而研究与开发的社会回报大于对企业的回报，从而导致企业对研究开发投入不足（Arrow，1962；Nelson，2002），因此政府必须对市场失灵领域进行干预，如其可以通过资助高等院校或者科研院所进行公共基础领域的研发活动，还可以以直接或间接的方式对企业的 R&D 活动进行引导，直接方式为其可以直接资助企业进行相应的研发活动，间接方式为可以逐过税收减免或税收鼓励等方式鼓励企业进行 R&D 活动，因此政府 R&D 投入对整个国家科技创新水平的提高具有非常重要的作用，其在研发活动中的作用是其他任何形式都无法替代的，加大政府 R&D 投入是必须的。但是实证研究的结果也表明随着政府 R&D 投入比例的增大，R&D 投入对经济增长的影响处于一个下降的过程中，这说明较多的政府 R&D 投入有可能挤出了企业的 R&D 投入，同时可能存在政府 R&D 经费的使用效率较低的现象。通过对位于不同区间的省份进行归类，可以发现这些位于不同区间的省份在各年度都相对比较固定，基本如表 8-8 所示。

表 8-8　　位于不同政府 R&D 投入比例区间的省份表

政府 R&D 投入比例≤11.9%	11.9%<政府 R&D 投入比例≤43.9%	政府 R&D 投入比例>43.9%
山东、广东（2）	天津、河北、山西、辽宁、吉林、黑龙江、上海、江苏、浙江、安徽、福建、江西、河南、湖北、湖南、广西、重庆、贵州、云南、甘肃、青海、宁夏、新疆（23）	北京、内蒙古、海南、四川、西藏、陕西（6）

从表8-8可见，政府R&D投入比例小于11.9%的省份只有山东和广东，政府R&D投入最多的省份则为北京、内蒙古、海南、四川、西藏和陕西，其他省份均为政府R&D投入中等的省份。对应于企业R&D投入的比例来看，如果主观地将企业R&D投入也划分为三个区间，相对选取小于50%的为企业R&D投入最小的区间，这个区间会包括北京、四川、西藏和陕西，企业R&D投入比例大于75%的省份包括天津、山西、江苏、浙江、福建、山东、湖南和广东，其他省份属于企业投入中等的省份。根据这两个分类标准可以将我国各省份分为政府主导型、政府-企业双主导型和企业主导型三类，如表8-9所示。

表8-9　　　　　　　　　　我国各省份分类表

政府主导型	政府-企业双主导型	企业主导型
北京、内蒙古、海南、四川、西藏、陕西（6个）	河北、辽宁、吉林、黑龙江、上海、安徽、江西、河南、湖北、广西、重庆、贵州、云南、甘肃、青海、宁夏、新疆（17个）	天津、山西、江苏、浙江、湖南、福建、山东、广东（8个）

表8-9表明，从全国范围来看，我国已经完成了从政府主导型-政府企业双主导型-企业主导型的过渡过程，但是从内部各省份来看这个过程仍在继续。国际普遍认为不同的R&D经费投入模式与各国经济发展的不同阶段密切相关，联合国教科文组织在1971年出版的《科学应用与发展》一书将各国工业化过程分为四个阶段，分别是工业化前阶段、工业化第一阶段、工业化第二阶段和工业化后阶段。相对来说，在工业化第一阶段政府作为R&D投入主体的作用十分明显；在工业化第二阶段，主要是从政府主导型向企业主导型过渡的政府-企业双主导型；在工业化第三阶段则是企业主导型。根据实证研究的结果可以对应发现目前我国企业主导型省份R&D投入对经济增长的作用最大，原因在于企业是非常重视投入产出效益的，其进行R&D投入的目标明确，效率较高；而政府主导型省份R&D投入对经济增长的作用是最低的，可见政府R&D投入的效率较低，一方面可能是由于政府过多的R&D投入对企业R&D投入产生了挤出效应，如北京、四川、陕西等省市，另

一方面是有些省份研发基础过于薄弱，从人力资本、知识积累等各个方面都无法更好地配合研发活动的进行，如西藏、海南等省份。

一般来说政府的R&D经费大多投入了高校和科研院所，这些单位的研发活动主要侧重于基础研究和应用研究，表8-10为2000—2013年我国各省、自治区、直辖市基础研究在研发经费中所占比例的数据。

表8-10 2000—2013年我国各省、自治区、直辖市基础研究在
研发经费中所占比例（%）

地区	2000年	2001年	2002年	2003年	2004年	2005年	2006年	2007年
北京	5.32	5.61	5.72	5.98	6.31	6.17	5.23	9.03
天津	1.07	1.55	1.52	1.42	1.62	2.27	2.24	4.37
河北	2.34	1.32	0.89	1.26	3.33	2.05	2.51	4.15
山西	0.90	1.33	1.37	1.19	1.41	1.66	1.44	4.12
内蒙古	1.54	1.00	1.57	1.89	1.25	1.29	1.20	2.06
辽宁	1.46	1.60	1.01	1.41	1.53	1.50	1.82	3.31
吉林	2.55	3.70	3.03	3.08	3.42	2.63	3.05	7.23
黑龙江	0.96	2.01	1.92	1.50	2.21	4.31	6.80	11.82
上海	2.24	2.58	3.40	2.78	2.45	2.45	3.35	5.03
江苏	0.90	1.34	1.43	1.56	1.37	1.50	1.23	2.63
浙江	0.89	1.05	0.82	1.04	1.08	0.93	0.83	1.61
安徽	6.10	8.85	7.37	7.04	4.98	3.66	4.28	7.21
福建	1.80	1.50	2.03	1.09	1.15	1.12	1.10	2.28
江西	0.57	0.29	1.00	1.52	0.98	1.27	1.97	2.73
山东	0.66	0.72	0.87	1.16	0.81	0.83	0.95	1.67
河南	0.53	0.93	0.70	0.54	0.52	0.90	0.79	1.56
湖北	1.71	2.03	2.96	2.68	2.53	2.43	2.46	4.62
湖南	1.76	1.34	1.67	3.28	2.63	2.48	2.18	5.23

续表

地区	2000年	2001年	2002年	2003年	2004年	2005年	2006年	2007年
广东	0.83	0.72	0.80	0.79	0.98	1.19	1.24	1.59
广西	1.80	1.08	0.97	1.14	1.57	1.17	2.31	6.14
海南	1.05	4.37	7.72	8.40	6.64	4.23	6.45	26.37
重庆	0.46	1.40	1.09	2.14	2.76	1.78	1.22	4.40
四川	2.54	2.60	4.44	3.76	3.59	1.94	2.53	5.94
贵州	1.69	3.38	2.99	3.73	3.41	3.70	2.20	6.09
云南	2.42	3.10	3.26	3.66	3.56	3.20	3.06	8.36
西藏	3.86	0.77	5.81	6.05	2.77	2.77	8.87	17.86
陕西	1.44	1.45	1.87	1.49	2.37	1.73	3.92	4.87
甘肃	7.19	5.51	8.32	8.31	8.86	8.38	6.08	11.61
青海	0.85	0.70	0.92	2.02	2.50	2.76	2.67	9.54
宁夏	0.54	0.57	1.68	0.82	0.68	0.78	0.85	3.06
新疆	0.87	1.68	1.48	2.09	1.36	1.73	1.79	7.43

地区	2008年	2009年	2010年	2011年	2012年	2013年	平均值	
北京	9.17	10.54	11.63	11.59	11.83	11.58	8.26	
天津	4.70	4.09	4.10	4.37	3.94	4.21	2.96	
河北	4.16	2.95	3.40	3.15	2.65	2.81	2.64	
山西	4.73	2.84	2.54	2.42	3.20	3.90	2.36	
内蒙古	1.93	3.91	1.76	1.91	2.42	3.07	1.91	
辽宁	2.75	2.69	2.54	3.20	3.78	3.53	2.29	
吉林	8.43	9.91	8.14	10.02	10.97	9.80	6.14	
黑龙江	13.13	10.46	7.79	9.71	11.81	9.63	6.72	
上海	8.42	6.80	6.45	6.32	7.24	7.06	4.76	

续表

地区	2008年	2009年	2010年	2011年	2012年	2013年	平均值	
江苏	2.37	2.56	2.62	2.20	2.58	2.94	1.95	
浙江	1.88	1.69	2.29	2.28	2.42	2.32	1.51	
安徽	5.75	7.38	7.47	8.25	6.50	6.28	6.51	
福建	2.14	2.42	2.45	1.84	1.79	2.01	1.76	
江西	3.31	2.80	2.80	2.76	2.58	2.83	1.96	
山东	1.59	2.02	1.98	2.23	2.20	2.25	1.42	
河南	1.12	1.43	1.47	1.73	2.43	2.30	1.21	
湖北	4.02	4.18	3.88	4.31	5.30	4.91	3.43	
湖南	4.56	5.04	3.70	3.41	3.23	3.35	3.13	
广东	1.89	2.00	2.07	3.00	2.63	2.34	1.58	
广西	5.13	5.59	5.73	5.69	6.37	5.09	3.55	
海南	19.46	18.03	15.21	19.65	17.52	9.88	11.78	
重庆	5.69	5.47	6.48	6.97	5.48	3.94	3.52	
四川	6.17	6.09	5.84	7.04	7.14	6.95	4.75	
贵州	6.69	9.37	7.28	8.05	9.18	11.42	5.66	
云南	10.40	12.36	12.50	11.83	11.94	10.29	7.14	
西藏	11.05	11.36	13.54	16.41	15.68	10.51	9.09	
陕西	3.61	5.14	4.66	5.21	5.15	4.91	3.42	
甘肃	14.60	16.10	13.47	14.10	13.72	13.41	10.69	
青海	10.32	9.48	9.85	8.86	9.99	11.62	5.86	
宁夏	3.35	9.23	8.57	9.02	6.71	8.54	3.89	
新疆	5.43	4.80	5.37	6.33	8.00	6.65	3.93	

数据来源：根据历年《中国科技统计年鉴》整理计算得到。

由表 8-10 可见，北京、海南、甘肃和西藏都属于基础研究占研发经费比例较高的省份，相对于应用研究和试验发展来说，基础研究本身不能直接转化为现实生产力，可能对经济增长的促进作用较小，但是它可以产生基础技术，也就是研发的成果有可能是公共技术，这些公共技术有利于促进应用研究和试验发展研究的进步，从而对我国经济增长产生间接的促进作用，这也就是政府 R&D 投入在研发活动中所发挥的特殊作用。因此在大多数省、自治区、直辖市要加大政府 R&D 投入，但与此同时还要控制好政府 R&D 经费投入的比例，以免对企业 R&D 投入产生挤出效应。在这个过程中应该如何更好地利用政府 R&D 经费，发挥其调节市场失灵，引导企业研发活动的作用，更好地发挥其对整个社会的溢出效应，为促进整个社会的技术进步发挥更大的作用还是一个需要进一步研究的问题。

（4）外国直接投资。实证结果表明当 FDI 小于 23.393 万亿美元时，R&D 投入对经济增长的弹性为 0.043；当其位于 23.393 万亿～151.2 万亿美元之间时，R&D 投入对经济增长的弹性为 0.078；当其位于 151.2 万亿～1 451.065 万亿美元之间时，R&D 投入对经济增长的弹性为 0.106；当其大于 1 451.065 万亿美元时，R&D 投入对经济增长的弹性为 0.125。可见随着外商直接投资额的增大，R&D 投入对经济增长的作用在不断增强。根据不同年份各省、自治区、直辖市位于不同区域的情况进行分类，如表 8-11 所示。

表 8-11　2000—2013 年处于不同 FDI 投资门槛的省份变化表

年份	FDI≤23.393	23.393<FDI≤151.2	151.2<FDI≤1 451.065	FDI>1451.065
2000年	山西、内蒙古、江西、贵州、云南、西藏、甘肃、青海、宁夏、新疆（10个）	天津、河北、吉林、黑龙江、安徽、河南、湖北、湖南、广西、海南、重庆、四川、陕西（13个）	北京、辽宁、上海、江苏、浙江、福建、山东、广东（8个）	

续表

年份	FDI≤23.393	23.393<FDI≤151.2	151.2<FDI ≤1 451.065	FDI> 1451.065
2001年	山西、内蒙古、贵州、云南、西藏、甘肃、青海、宁夏、新疆（9个）	河北、吉林、黑龙江、安徽、江西、河南、湖北、湖南、广西、海南、重庆、四川、陕西（13个）	北京、天津、辽宁、上海、江苏、浙江、福建、山东、广东（9个）	
2002年	山西、内蒙古、贵州、云南、西藏、甘肃、青海、宁夏、新疆（9个）	河北、吉林、黑龙江、安徽、江西、河南、湖北、湖南、广西、海南、重庆、四川、陕西（13个）	北京、天津、辽宁、上海、江苏、浙江、福建、山东、广东（9个）	
2003年	山西、内蒙古、吉林、贵州、云南、西藏、甘肃、青海、宁夏、新疆（10个）	河北、黑龙江、安徽、河南、湖南、广西、海南、重庆、四川、陕西（10个）	北京、天津、辽宁、上海、江苏、浙江、福建、江西、山东、湖北、广东（11个）	
2004年	贵州、云南、西藏、甘肃、青海、宁夏、新疆（7个）	山西、内蒙古、吉林、黑龙江、安徽、河南、湖南、广西、海南、重庆、四川、陕西（12个）	北京、天津、河北、辽宁、上海、江苏、浙江、福建、江西、山东、湖北、广东（12个）	
2005年	贵州、云南、西藏、甘肃、宁夏、新疆（6个）	山西、内蒙古、吉林、黑龙江、安徽、河南、广西、海南、重庆、四川、陕西、青海（12个）	北京、天津、河北、辽宁、上海、江苏、浙江、福建、江西、山东、湖北、湖南、广东（13个）	
2006年	贵州、西藏、甘肃、宁夏、新疆（5个）	山西、吉林、安徽、广西、海南、重庆、四川、云南、陕西、青海（10个）	北京、天津、河北、内蒙古、辽宁、黑龙江、上海、浙江、福建、江西、山东、河南、湖北、湖南、广东（15个）	江苏（1个）

年份	FDI≤23.393	23.393<FDI≤151.2	151.2<FDI ≤1 451.065	FDI> 1451.065
2007年	贵州、西藏、甘肃、宁夏、新疆（5个）	山西、吉林、广西、海南、重庆、四川、云南、陕西、青海（9个）	北京、天津、河北、内蒙古、辽宁、黑龙江、上海、浙江、安徽、福建、江西、山东、河南、湖北、湖南（15个）	江苏、广东（2个）
2008年	贵州、西藏、甘肃、青海、宁夏、新疆（6个）	山西、吉林、广西、海南、云南、陕西（6个）	北京、天津、河北、内蒙古、辽宁、黑龙江、上海、浙江、安徽、福建、江西、山东、河南、湖北、湖南、重庆、四川（17个）	江苏、广东（2个）
2009年	贵州、西藏、甘肃、青海、宁夏、新疆（6个）	山西、吉林、广西、海南、云南、陕西（6个）	北京、天津、河北、内蒙古、黑龙江、上海、浙江、安徽、福建、江西、山东、河南、湖北、湖南、重庆、四川（16个）	辽宁、江苏、广东（3个）
2010年	西藏、甘肃、青海、宁夏（4个）	山西、吉林、广西、海南、贵州、云南、新疆（7个）	北京、天津、河北、内蒙古、黑龙江、上海、浙江、安徽、福建、江西、山东、河南、湖北、湖南、重庆、四川、陕西（17个）	辽宁、江苏、广东（3个）

年份	FDI≤23.393	23.393<FDI≤151.2	151.2<FDI ≤1 451.065	FDI> 1451.065
2011年	甘肃、青海、宁夏（3个）	吉林、广西、贵州、西藏、新疆（5个）	北京、天津、河北、内蒙古、黑龙江、上海、浙江、安徽、福建、江西、山东、河南、湖北、湖南、海南、重庆、四川、云南、陕西（19个）	辽宁、江苏、广东（3个）
2012年	甘肃、青海、宁夏（3个）	广西、贵州、西藏、新疆（4个）	北京、河北、山西、内蒙古、吉林、黑龙江、浙江、安徽、福建、江西、山东、河南、湖北、湖南、海南、重庆、四川、云南、陕西（19个）	天津、辽宁、上海、江苏、广东（5个）
2013年	西藏、甘肃、青海、宁夏（4个）	广西、贵州、新疆（3个）	北京、河北、山西、内蒙古、吉林、黑龙江、浙江、安徽、福建、江西、山东、河南、湖北、湖南、海南、重庆、四川、云南、陕西（19个）	天津、辽宁、上海、江苏、广东（5个）

从表 8-11 可见，随着改革开放的深入，FDI 投资从我国沿海省份如辽宁、上海、江苏、广东等，自东到西逐渐深入，因此 FDI 投资对 R&D 投入与经济增长关系的影响也是自东到西逐渐减小的。FDI 在带来资金的同时，也促进了我国研发活动的进步，从而推动了我国 R&D 投入对经济增长作用的发挥。特别是东部沿海地区长期以来一直处于

FDI高投入地区，由于这些地区同时拥有较好的人力资本和技术优势，使得很多国外企业将其研发中心建在这些地区，对当地研发活动产生了积极的外部冲击，从而更加促进了国内企业加大科技研发力度，形成了良性循环；相对于中部，特别是西部地区来说，由于其在各方面的条件相较东部沿海地区存在很大的差距，导致其对FDI溢出效应的吸收能力相对较弱，但总体上来看，FDI有助于促进R&D投入对经济增长作用的发挥。

（5）产业结构。门槛检验表明以第二产业占GDP比例作为门槛变量不存在门槛效应，但是以第三产业占GDP比例作为门槛变量时，第三产业占GDP比例小于等于0.427时，R&D投入对经济增长的弹性为0.079，当其越过0.427的门槛后，R&D投入对经济增长的弹性上升到0.101，随着该比例越过0.427的门槛值，R&D投入对经济增长的弹性在增大。要促进R&D投入对经济增长作用的发挥，进行产业结构调整是必要的措施。2000—2013年我国各省、自治区、直辖市第三产业占GDP比例变化不大，该比例大于0.427的省份主要有北京、天津、上海、广东、海南和西藏，近几年江苏、浙江、贵州也逐渐进入这一区间。进入工业化后期的发达国家，第三产业成为国民经济的主导产业（莫燕，2003），由此可见，提高第三产业在国民经济中所占比例在大多数省份还有很大的提升空间，那么我国目前所进行的城镇化等政策也是实现这一目的的一种重要手段。但是，罗斯托（1962）指出，产业结构演进是一个经济增长对技术创新的吸收以及主导产业经济部门依次更替的过程，同时工业作为国民经济的基础具有不可替代的作用，各地区在进行产业结构调整时要根据自身的具体情况发展优势产业，实现产业结构的调整和优化，既不可"一窝蜂"地发展某个产业，以免形成产能过剩，也不可以为了发展某个产业而进行"拔苗助长"。

8.6 研究结论与政策建议

本章使用Hansen（1999）面板门槛回归模型，从R&D强度、FDI、人力资本、政府研发投入比例和产业结构五个方面对我国31个省、自治区、直辖市2000—2013年R&D资本投入与经济增长的关系进行了研究。研究结果表明，从总体上看R&D强度增大将促进R&D投入增大对经济增长的影响，但是从具体情况来看，R&D强度越大，R&D投入增大对经济增长的弹性越小，即R&D规模扩大抑制了R&D投入对经济增长作用的发挥；从总体上来看政府R&D投入增加能够促进R&D投入增加对经济增长作用的发挥，但是具体来看，政府R&D投入比例越高，R&D投入增长对经济增长的弹性越小；从总体上来看，FDI投入增长可以促进R&D投入增加对经济增长作用的发挥，从具体细节来看，FDI投入越大，R&D投入增长对经济增长的弹性也越大；人力资本的增长，可以促进R&D投入增长对经济增长作用的发挥，同样第三产业在GDP中比例的提高也可以促进R&D投入增长对经济增长作用的发挥。

根据上述研究结果的门槛，本研究依据R&D强度、人力资本、FDI投入、政府R&D投入比例和第三产业占国民经济的比例五个指标分别对我国31个省、自治区、直辖市进行了分类，从分类结果可以看出，按照这五个指标进行的分类结果有很大的重叠。例如，位于R&D高投入区间的北京、天津、上海、江苏、浙江、广东、山东等省份，其人力资本和吸引的FDI投资也相对较强，而R&D低投入区间的西部地区，其人力资本和吸引的FDI投资也相对较少；中部地区在各个指标上也基本处于中等水平，之所以产生这样的现象是与我国这些省、自治区、直辖市的历史文化和相应的地理位置有着直接关系的，这些不是一时半会儿可以改变的，因此各省份要依据自己的特点制定符合自身发展的战略目标，因地制宜，同时全国一盘棋，国家在相关政策的制定上也要有全局性考虑。

库兹涅茨（1999）指出，发达资本主义国家的高增长率，主要不是由劳动投入与资本投入的增长决定的，而是由劳动生产率的大幅度增长决定的，这说明促进经济增长的主要力量来自技术进步。谢兰云（2013）的研究结果表明，一个省份的R&D投入不仅会促进本省的经济增长，而且还可以通过空间溢出效应间接地促进相邻省份的经济增长，因此，对于那些在R&D强度、人力资本和FDI投入等方面都拥有绝对优势的省份，如北京、天津、上海、江苏、浙江、广东和山东等经济发达地区可以更好地利用自己的优势，加大科技投入力度，成为自己所在区域的"发展极"，不仅可以促进自己的发展，同时也可以发挥辐射作用，根据产业集聚作用形成产业链，带动相邻省份的共同发展，从而为我国长三角、珠三角和环渤海经济区等区域性经济发展圈的再发展提供动力。对于中部地区，其各项指标都比经济发达省份低一些，但有些差距也并不是很大，而且在有些方面这些省份也在积极追赶的过程中，因此这些地区可以根据自己的特色，充分利用自己的优势，加大科技投入力度，提高人力资本水平，充分吸收相邻"发展极"省份的各种溢出效应，成为我国经济发展的第二梯队，在这方面安徽做得比较好，近几年安徽在各方面的进步就较快，其高新产业发展较快；重庆作为我国唯一一个位于西南经济不发达地区的直辖市，近几年它的发展也比较快，特别是其高新产业的发展，目前它正逐渐成为西南地区的经济"发展极"，在国家"一带一路"发展战略中，重庆的区位优势得到进一步发挥，今后它可以承担起西南地区经济领跑的职能。西藏和海南这两个省份在各个方面的指标都相对较低，但是它们具有其独特的环境资源优势，使得这两个省份的旅游业发展较快，第三产业在国民经济中的比例较高，因此类似这样的省份可以在发展主导产业方面加大研发投入，特别是要激发企业进行研发活动的积极性，促进主导产业的快速发展。对于东北三省，从R&D强度、人力资本、FDI引入等各个方面来看，它们都具有发展的优势，而且其周围还有北京、天津等发展极，但是这些年，特别是近几年其发展几乎处于停滞，甚至出现了倒退的现象，这可能不是简单地从R&D投入产出的角度可以解决的问题，但是作为老工业基地，东北具有雄厚了经济基础，如何充分地利用这些优势，进行二次创业，技术创新也许它必须选择的道路，但是在这条道路上改变传统观念，进行制度创新是保证技术创新得以实施的必要条件。

对于我国那些R&D强度较高的省份，相对于关注R&D投入的规模来说，关注R&D投入的效率和产出质量更加重要；西部经济不发达地区基本上都位于 R&D 投入较低的区间，由于 R&D 投入的不足，较少的 R&D 投入对经济的促进作用却是最大的，R&D 投入对经济增长的边际效益在这一区间正处于上升阶段，因此这些地区在当前阶段更应该加大对科技研发经费的投入；对于处于 R&D 投入中等区间的省份一方面要加大研发投入，另一方面也要关注研发经费的使用情况，只有保证 R&D 投入在结构、效率等方面都是合理的，才有可能不重蹈高 R&D 投入地区的覆辙。总体来看，各地区还是要根据自己的具体情况制定相应的创新策略。

参考文献

[1]   白俊红，江可申，李婧. 应用随机前沿模型评测中国区域研发创新效率
       [J]. 管理世界，2009（10）：51-61.

[2]   陈利华，杨宏进. 我国科技投入的技术进步效应——基于30个省市跨省数
       据的实证分析 [J]. 科学学与科学技术管理，2005（7）：55-59.

[3]   陈美章，专利制度在我国科技进步和经济发展中的作用 [J]. 知识产权，
       1998（2）：7-14.

[4]   陈云，贺德方. 我国各省市自治区 R&D 经费支出的差异性及与人均 GDP
       的相关性分析 [J]. 中国软科学，2012（10）：78-87.

[5]   陈钰芬，黄娟，王洪刊. 不同类型研发活动如何影响 TFP？——基于2000—
       2010年我国省际面板数据的实证 [J]. 科学学研究，2013（10）：1512-
       1521.

[6]   程华. 政府科技投入与企业 R&D——实证研究与政策选择 [M]. 北京：科
       学出版社，2009.

[7]   方曙，张勐，高利丹. 我国省（市）自治区专利产出与其 GDP 之间关系的
       实证研究 [J]. 科研管理，2006（2）：40-44，94.

[8]   付凌晖. 我国产业结构高级化与经济增长关系的实证研究 [J]. 统计研究，
       2010（8）：79-81.

[9]   傅家骥. 技术创新学 [M]. 北京：清华大学出版社，1998.

[10] 符淼. 地理距离和技术外溢效应——对技术和经济集聚现象的空间计量学解释 [J]. 经济学季刊, 2009 (7): 1549-1566.

[11] 傅晓霞, 吴利学. 技术效率, 资本深化与地区差异——基于随机前沿模型的中国地区收敛分析 [J]. 经济研究, 2006, 41 (10): 52-61.

[12] 鞠树成. 中国专利产出与经济增长关系的实证研究 [J]. 科学管理研究, 2005 (5): 100-103.

[13] 高常水, 潘海生, 许正中. 我国经济影响因素分析及其对策新探——基于科技投入的视角 (1990—2007) [J]. 科技进步与对策, 2010 (18): 9-12.

[14] 高锡荣, 罗琳. 中国创新转型的启动证据——基于专利实施许可的分析 [J]. 科学学研究, 2014 (7): 996-1002.

[15] 龚六堂, 谢丹阳. 我国省份之间的要素流动和边际生产率的差异分析 [J]. 经济研究, 2004 (1): 45-53.

[16] 郭庆旺, 贾俊雪. 中国潜在产出与产出缺口的估算 [J]. 经济研究, 2004 (5): 31-39.

[17] 何枫, 陈荣, 何林. 我国资本存量的估算及其相关分析 [J]. 经济学家, 2003 (5): 29-35.

[18] 何洁, 许罗丹. 中国工业部门引进外国直接投资外溢效应的实证研究 [J]. 世界经济文汇, 1999 (2): 16-21.

[19] 贺菊煌. 我国资产的估算 [J]. 数量经济与技术经济研究. 1992 (8): 24-27.

[20] 侯亚非. 人口质量与经济增长方式 [M]. 北京: 中国经济出版社, 2000.

[21] 胡鞍钢, 王绍光, 康晓光. 中国地区差距报告 [M]. 辽宁: 辽宁人民出版社, 1995.

[22] 胡求光, 李洪英. R&D 对技术效率的影响机制及其区域差异研究——基于长三角, 珠三角和环渤海三大经济区的 SFA 经验分析 [J]. 经济地理, 2011, 31 (1): 26-31.

[23] 胡树华, 王利军, 牟仁艳. 分类专利对 GDP 贡献的回归分析 [J]. 软科学, 2011 (9): 7-9.

[24] 胡永泰. 中国全要素生产率: 来自农业部门劳动力再配置的首要作用 [J]. 经济研究, 1998 (3): 31-39.

[25] 黄勇峰, 任若恩, 刘晓生. 中国制造业资本存量永续盘存法估计 [J]. 经济学 (季刊), 2002 (2): 377-396.

[26] 黄智淋, 俞培果. 近年来技术创新对我国经济增长的影响研究——基于面板数据模型分析 [J]. 科学管理研究, 2007 (5): 74-77.

[27] 姜怀宇，李铁立. R&D投入的区位模式与区域经济发展 [J]. 地理科学，2006，26 (1)：13-19.

[28] 江静. 中国省际R&D强度差异的决定与比较 [J]. 南京大学学报，2006 (3)：13-25.

[29] 江蕾，安慧霞，朱华. 中国科技投入对经济增长贡献率的实际测度：1953—2005 [J]. 自然辩证法通讯，2007 (5)：50-56.

[30] 鞠树成. 中国专利产出与经济增长关系的实证研究 [J]. 科学管理研究，2005 (5)：100-103.

[31] 布赖恩特. 科技指标的发展：从R&D到知识经济、科技指标及其在政策中的应用 [M]. 北京：科学技术文献出版社，2001.

[32] 孔东民. 通货膨胀阻碍了金融发展与经济增长吗？——基于一个门槛回归模型的新检验 [J]. 数量经济技术经济研究，2007 (10)：56-66.

[33] 寇宗来. 中国科技体制改革三十年 [J]. 世界经济文汇，2008 (1)：77-92.

[34] 赖明勇，张新，彭水军，等. 经济增长的源泉：人力资本、研究开发与技术外溢 [J]. 中国社会科学，2005 (2)：32-46.

[35] 李廉水，周勇. 技术进步能提高能源效率吗？——基于中国工业部门的实证检验 [J]. 管理世界，2006 (10)：82-89.

[36] 李建强. 金融发展、经济增长与通货膨胀的门槛效果 [J]. 台湾经济预测与政策，2006 (2)：77-113.

[37] 李梅，柳士昌. 对外直接投资逆向技术溢出的地区差异和门槛效应——基于中国省际面板数据的门槛回归分析 [J]. 管理世界，2012 (1)：21-32.

[38] 林毅夫，蔡昉，李周. 中国经济转型时期的地区差距分析 [J]. 经济研究，1998 (6)：3-10.

[39] 林毅夫，苏剑. 论我国经济增长方式的转换 [J]. 管理世界，2007，11：5-13.

[40] 刘和东. 财政科技投入与自主创新关系的实证研究 [J]. 科学学与科学技术管理，2007，28 (1)：20-24.

[41] 刘华. 专利制度与经济增长：理论与现实——对中国专利制度运行绩效的评 [J]. 中国软科学，2002 (10)：26-30.

[42] 刘志彪. 战略理念与实现机制：中国的第二经济全球化 [J]. 学术月刊，2013 (1)：88-96.

[43] 刘伟，李绍荣. 产业结构与经济增长 [J]. 中国工业经济，2002 (5)：14-21.

[44] 刘伟，张辉. 中国经济增长中的产业结构变迁和技术进步 [J]. 经济研究，2008（11）：4-15.

[45] 刘艳清. 技术进步对经济增长的作用 [J]. 辽宁教育学院学报，2000（2）：20-21.

[46] 卢方元，靳丹丹. 我国 R&D 投入对经济增长的影响——基于面板数据的实证分析 [J]. 中国工业经济，2011（3）：149-157.

[47] 卢宁，李国平，刘光岭. 中国自主创新与区域经济增长——1998—2007 年省际面板数据的实证研究 [J]. 数量经济技术经济研究，2010（1）：3-18.

[48] 吕忠伟，李峻浩. R&D 空间溢出对区域经济增长的作用研究 [J]. 统计研究，2008（3）：27-34.

[49] 罗佳明，王卫红. 中国科技投入对经济增长的贡献率研究：1953—2001 [J]. 自然辩证法研究，2004（2）：81-86.

[50] 罗斯托. 经济成长的阶段 [M]. 北京：商务印书馆，1962.

[51] 罗亚非，王海峰，范小阳. 研发创新绩效评价的国际比较研究 [J]. 数量经济技术经济研究，2010（3）：28-41.

[52] 毛健. 经济增长理论探索 [M]. 北京：商务印书馆，2009.

[53] 琼斯. 经济增长导论 [M]. 舒元，等，译. 北京：北京大学出版社，2002.

[54] 诺斯. 制度、制度变迁与经济绩效 [M]. 刘守英，译. 上海：上海三联书店出版社，1994.

[55] 阿吉翁，霍依特. 内生增长理论 [M]. 陶然，等，译. 北京：北京大学出版社，2004.

[56] 库兹涅茨. 各国的经济增长——总产值和生产结构 [M]. 北京：商务印书馆，1999.

[57] 巴罗，萨拉伊马丁. 经济增长 [M]. 何晖，等，译. 北京：中国社会科学出版社，2000.

[58] 孟祥云，等. 科技进步统计与监测 [M]. 北京：中国统计出版社，1999.

[59] 莫燕，刘朝马. 科技投入结构分析及比较研究 [J]. 科学学与科学技术管理，2003（4）：39-41.

[60] 潘文卿. 外商投资对中国工业部门的外溢效应：基于面板数据的分析 [J]. 世界经济，2003，26（6）：3-7.

[61] 钱晓烨，迟巍，黎波. 人力资本对我国区域创新及经济增长的影响——基于空间计量的实证研究 [J]. 数量经济技术经济研究，2010（4）：107-121.

[62] 任海云，师萍. 企业R&D投入与绩效关系研究综述——从直接关系到调节变量的引入 [J]. 科学学与科学技术管理，2010 (2)：143-151.

[63] 单红梅，李芸. 1991—2003年间中国科技投入经济效果的实证分析 [J]. 系统工程，2006 (9)：88-92.

[64] 沈坤荣. 体制转型期的中国经济增长 [M]. 南京：南京大学出版社，1999.

[65] 沈坤荣，耿强. 外国直接投资，技术外溢与内生经济增长——中国数据的计量检验与实证分析 [J]. 中国社会科学，2001 (5)：82-93.

[66] 时鹏将，许晓雯，蔡虹. R&D投入产出效率的DEA分析 [J]. 科学学与科学技术管理，2004，25 (1)：28-30.

[67] 师萍，许治，张炳南. 政府公共R&D对企业的R&D的效应分析 [J]. 中国科技论坛，2007 (4)：24-28.

[68] 师萍，张蔚虹. 中国R&D投入的绩效分析与制度支持研究 [M]. 北京：科学出版社，2008.6.

[69] 史修松，赵曙东，吴福象. 中国区域创新效率及其空间差异研究 [J]. 数量经济技术经济研究，2009 (3)：45-55.

[70] 宋海岩，刘淄楠，蒋萍. 改革时期中国总投资决定因素的分析 [J]. 世界经济文汇，2003 (1)：44-56.

[71] 宋涛. 政治经济学教程 [M]. 北京：中国人民大学出版社，2008.

[72] 苏桉芳，胡日东，衣长军. 中国经济增长与科技投入的关系——基于协整与VAR模型的实证分析 [J]. 科技管理研究，2006 (9)：26-29.

[73] 隋广军，申明浩，宋剑波. 基于专利水平地区差异的高科技产业化问题研究 [J]. 管理世界，2005 (8)：87-93，169.

[74] 孙皓，石柱鲜. 中国的产业结构与经济增长——基于行业劳动力比率的研究 [J]. 人口与经济，2011 (2)：1-6.

[75] 孙喜杰. 科技与经济协调增长的指数规律分析——兼论科技规模"指数增长"佯谬 [J]. 科学学研究，2012 (6)：813-819.

[76] 陶长琪，齐亚伟. 中国全要素生产率的空间差异及其成因分析 [J]. 数量经济技术经济研究，2010 (1)：19-32.

[77] 唐德祥，孟卫东. R&D与产业结构优化升级——基于我国面板数据模型的经验研究 [J]. 科技管理研究，2008，28 (5)：85-89.

[78] 唐德祥，李京文，孟卫东. R&D对技术效率影响的区域差异及其路径依赖——基于我国东，中，西部地区面板数据随机前沿方法 （SFA）的经验分析 [J]. 科研管理，2008，29 (2)：115-121.

[79] 童光荣，高杰. 中国政府R&D支出对企业R&D支出诱导效应及其时滞效

应分析 [J]. 中国科技论坛，2004（4）：97-99.

[80]   涂俊，吴贵生. 基于 DEA—Tobit 两步法的区域农业创新系统评价及分析
        [J]. 数量经济技术经济研究，2006，23（4）：136-145.

[81]   王红领，李稻葵，冯俊新. FDI 与自主研发：基于行业数据的经验研究 [J].
        经济研究，2006（2）：44-56.

[82]   王小鲁，樊纲，等. 中国经济增长的可持续性——跨世纪的回顾与展望 [M].
        北京：经济科学出版社，2000.

[83]   王小鲁，樊纲，刘鹏. 中国经济增长方式转换和增长可持续性 [J]. 经济
        研究，2009（1）：4-16.

[84]   王志平. 生产效率的区域特征与生产率增长的分解——基于主成分分析与
        随机前沿超越对数生产函数的方法 [J]. 数量经济技术经济研究，2010
        （1）：33-43.

[85]   罗斯托. 经济成长的阶段 [J]. 国际关系研究所编译室，译. 北京：商务
        印书馆，1962.

[86]   吴延兵. R&D 存量、知识函数与生产效率 [J]. 经济学（季刊），2006
        （4）：1129 -1156.

[87]   吴延兵. R&D 与生产率——基于中国制造业的实证研究 [J]. 经济研究，
        2006（11）：60-70.

[88]   吴延兵. 自主研发、技术引进与生产率 [J]. 经济研究，2008（8）：51-
        64.

[89]   吴延兵. 中国工业 R&D 产出弹性测算（1993—2002）[J]. 经济学（季
        刊），2008（3）：869-890.

[90]   吴延兵. 创新的决定因素——基于中国制造业的实证研究 [J]. 世界经济
        文汇，2008（2）：46-58.

[91]   吴延兵，米增渝. 创新，模仿与企业效率——来自制造业非国有企业的经
        验证据 [J]. 中国社会科学，2011（4）：77-94.

[92]   吴延兵. 不同所有制企业技术创新能力考察 [J]. 产业经济研究，2014
        （2）：53-64.

[93]   吴延瑞. 生产率对中国经济增长的贡献：新的估计 [J]. 经济学（季刊），
        2008（2）：827-842.

[94]   吴瑛，杨宏进. 基于 R&D 存量的高技术产业科技资源配置效率 DEA 度量模
        型 [J]. 科学学与科学技术管理，2006（9）：28-32.

[95]   吴玉鸣. 中国区域研发、知识溢出与创新的空间计量经济研究 [M]. 北
        京：人民出版社，2007.

[96]   肖兴志，王海. 受教育程度，吸收能力与 FDI 技术溢出效应——基于面板

门槛回归模型的分析 [J]．云南财经大学学报，2013 (6)：99-106．

[97] 项歌德，朱平芳，张征宇．经济结构、R&D 投入及构成与 R&D 空间溢出效应 [J]．科学学研究，2011 (2)：206-214．

[98] 谢兰云．我国 R&D 投入与经济增长关系的计量分析 [M]．大连：东北财经大学出版社，2010．

[99] 谢兰云．中国省份研究与发展 (R&D) 指数及其存量的计算 [J]．西安财经学院学报，2010 (4)：65 -71．

[100] 谢兰云．关于辽宁省研发投入情况的分析与研究 [J]．科技情报开发与经济，2011 (5)：166-168．

[101] 谢兰云，王维国．基于分位数回归的我国 R&D 经费投入影响因素的动态研究 [J]．数学的实践与认识，2012 (2)：43-52．

[102] 谢兰云．创新，产业结构与经济增长的门槛效应分析 [J]．经济理论与经济管理，2015 (2)：51-59．

[103] 谢兰云．我国科技创新体系产出机制的门槛效应研究 [J]．统计研究，2016 (2)：51-60．

[104] 谢伟，胡玮，夏绍模．中国高新技术产业研发效率及其影响因素分析 [J]．科学学与科学技术管理，2008，29 (3)：144-149．

[105] 徐棣枫、陈瑶．中国专利促进政策的反思与调整——目标、机制、阶段性和开放性问题 [J]．重庆大学学报：社会科学版，2013 (6)：94-100．

[106] 徐竹青．专利、技术创新与经济增长：理论与实证 [J]．科技管理研究，2004 (5)：109-111．

[107] 许治，吴辉凡．政府公共研发对企业研发行为的影响：国外研究评述 [J]．科研管理，2006，27 (2)：45-50．

[108] 姚洋，章奇．中国工业企业技术效益分析 [J]．经济研究，2001 (10)：32-39．

[109] 严成樑，周铭山，龚六堂．知识生产、创新与研发投资回报 [J]．经济学 (季刊)，2010 (3)：1051-1070．

[110] 严成樑，龚六堂．R&D 规模，R&D 结构与经济增长 [J]．南开经济研究，2013 (2)：3-19．

[111] 杨鹏、许晓雯、蔡虹．我国区域 R&D 知识存量与 GDP 的实证检验 [J]．科学学与科学技术管理，2005 (12)：23-26．

[112] 杨鹏．我国区域 R&D 知识存量的经济计量研究 [J]．科学学研究，2007 (3)：461- 466．

[113] 杨洵，师萍．中国政府科技投入对企业研发支出的影响 [J]．云南社会科学，2006 (1)：62-65．

[114] 余泳泽. 改革开放以来中国经济增长动力转换的时空特征 [J]. 数量经济技术经济研究, 2015, 2: 002.

[115] 余泳泽. 中国区域创新活动的 "协同效应" 与 "挤占效应" ——基于创新价值链视角的研究 [J]. 中国工业经济, 2015 (10): 37-52.

[116] 熊彼特. 经济发展理论 [M]. 张培刚, 译. 北京: 商务印书馆, 1997.

[117] 曾国屏, 谭文华. 国际研发和基础研究强度的发展轨迹及其启示 [J]. 科学学研究, 2003 (2): 154-156.

[118] 张海洋. R&D 的两面性, 外资活动与中国工业经济增长 [J]. 经济研究, 2005 (5): 107-117.

[119] 张继红, 吴玉鸣, 何建坤. 专利创新与区域经济增长关联机制的空间计量经济分析 [J]. 科学学与科学技术管理, 2007 (1): 83-89.

[120] 张积林. 科技创新投入与经济增长的动态机制研究 [J]. 技术经济与管理研究, 2013 (3): 35-39.

[121] 张军. 资本形成、工业化与经济增长: 中国的转轨特征 [J]. 经济研究, 2002 (6): 3-13.

[122] 张军, 章元. 对中国资本存量 K 的再估计 [J]. 经济研究, 2003 (7): 35-43.

[123] 张军, 吴桂英, 张吉鹏. 我国省际物质资本估算: 1952—2000 [J]. 经济研究, 2004 (10): 35-44.

[124] 张军, 施少华. 中国经济全要素生产率变动: 1952—1998 [J]. 世界经济论坛, 2003 (2): 17-24.

[125] 张军. 中国经济增长中的转型与超越 [J]. 学习与探索, 2012 (3): 110-114.

[126] 张军扩. "七五" 期间经济效益的综合分析——各要素对经济增长贡献率的测算 [J]. 经济研究. 1991 (4): 8-17.

[127] 张庆昌, 李平. 生产率与创新工资门槛假说: 基于中国经验数据分析 [J]. 数量经济技术经济研究, 2011, 28 (11): 3-21.

[128] 张晓峒. 应用数量经济学 [M]. 北京: 机械工业出版社, 2009.

[129] 张优智. 我国科技投入与经济增长的动态关系研究 [J]. 科研管理, 2014 (9): 58-68.

[130] 赵海娟, 程红莉. R&D 活动在东, 中, 西部的差异性分析 [J]. 统计与决策, 2007 (5): 103-104.

[131] 赵新华, 李晓欢. 科技进步与产业结构优化升级互动关系的实证研究 [J]. 科技与经济, 2009, 22 (4): 12-16.

[132] 赵彦云, 刘思明. 中国专利对经济增长方式影响的实证研究: 1988—2008

年 [J]. 数量经济技术经济研究, 2011 (4): 34-81.

[133] 周彩霞. R&D 强度差异: 基于产业结构的分析 [J]. 南京大学学报, 2006 (3): 26-34.

[134] 周少甫, 王伟, 董登新. 人力资本与产业结构转化对经济增长的效应分析 [J]. 数量经济技术经济研究, 2013 (8): 65-123.

[135] 朱春奎. 财政科技投入与经济增长的动态均衡关系研究 [J]. 科学学与科学技术管理, 2004 (3): 29-33.

[136] 朱平芳. 全社会科技经费投入与经济增长的关联研究 [J]. 数量经济技术经济研究, 1999 (3): 28-31.

[137] 朱平芳, 徐伟民. 政府的科技激励政策对大中型工业企业 R&D 投入及其专利产出的影响——上海市的实证研究 [J]. 经济研究, 2003 (6): 45-53.

[138] 朱平芳, 徐伟民. 上海市大中型工业行业专利产出滞后机制研究 [J]. 数量经济技术经济研究, 2005, 22 (9): 136-142.

[139] ABRAMOVSKY L, HARRISON R, Simpson H. Increasing innovative activity in the UK? where now for government support for innovation and technology transfer? [EB/OL]. [2020-02-01]. http://www.ifs.org.uk/bns/bn53.pdf.

[140] ACS Z J, ANSELIN L, VARGA A. Patents and innovation counts as measures of regional production of knowledge [J]. Research Policy, 2002, 31 (7): 1069-1085.

[141] AGHION, PHILIPPE, HOWITT. A model of growth through creative destruction [J]. Econometrica, 1992 (60): 323-351.

[142] AHUJA G, KATILA R. Technological acquisitions and the innovation performance of acquiring firms: a longitudinal study [J]. Strategic Management Journal, 2001, 22 (3): 197-220.

[143] AIGNER D, LOVELL C A K, SCHMIDT P. Formulation and estimation of stochastic frontier production function models [J]. Journal of Econometrics, 1977, 6 (1): 21-37.

[144] ARROW K J. The economic implications of learning by doing [J]. The Review of Economic Studies, 1962, 29 (3): 155-173.

[145] BARRO R J, LEE J W. International comparisons of educational attainment [J]. Journal of Monetary Economics, 1993, 32 (3): 363-394.

[146] BATTESE G E, CORRA G S. Estimation of a production frontier model: with application to the pastoral zone of Eastern Australia [J]. Australian

Journal of Agricultural Economics, 1977, 21 (3): 169-179.

[147] BEBCZUK R N.Corporate saving and financing decisions in Latin Amer ca [J]. Económica, 2000, 46.

[148] BEBCZUK R N.Corporate finance, financial development, and growth [C] //VI Jornadas de Economía Monetaria e Internacional, La Plata, 2001.

[149] BECKER G, MURPHY K, TAMURA R.Economic growth, human capital and population growth [J]. Journal of Political Economy, 1990, 98 (5): S12-S137.

[150] BENEITO P.The Innovative performance of in-house and contracted r&d in terms of patents and utility models [J]. Research Policy, 2006, 35 (4): 502-517.

[151] BLOMSTRÖM M, KOKKO A, ZEJAN M. Host country competition, labor skills, and technology transfer by multinationals [J]. Weltwirtschaftliches Archiv, 1994, 130 (3): 521-533.

[152] BOSWORTH, The rate of obsolescence of technical knowledge: a note [J]. Journal of Industrial Economics, 1978 (26): 273-279.

[153] CAVES R E.Multinational firms, competition, and productivity in host-country markets [J]. Economica, 1974, 41 (162): 176-193.

[154] COMANOR W S, SCHERER F M. Patent statistics as a measure of technical change [J]. The Journal of Political Economy, 1969: 392-398.

[155] CAMERON H A, HAZEL T G, MCKAY R D G. Regulation of neurogenesis by growth factors and neurotransmitters [J]. Journal of neurobiology, 1998, 36 (2): 287-306.

[156] CHAN K S. Consistency and limiting distribution of the least squares estimator of a threshold autoregressive model [J]. The annals of statistics, 1993: 520-533.

[157] CHOW G C. Capital formation and economic growth in china [J]. Quarterly Journal of Economics, 1993 (114): 243-66.

[158] CHU C S J, WHITE H.A direct test for changing trend [J]. Journal of Business & Economic Statistics, 1992, 10 (3): 289-299.

[159] CHUN-CHIEN K U O, CHIH-HAI Y.Knowledge capital and spillover on regional economic growth: Evidence from China [J]. China Economic Review, 2008, 19 (4): 594-604.

[160] CLARK C.The conditions of economic progress [J]. The Conditions of

Economic Progress, 1967.

[161] COE D T, HELPMAN E. International R&D spillovers [J]. European Economic Review, 1995, 39 (5): 859-887.

[162] COE D T, HELPMAN E, HOFFMAISTER A W. International R&D spillovers and institutions [J]. European Economic Review, 2009, 53 (7): 723-741.

[163] COHEN W M, LEVIN R C, MOWERY D C.Firm size and R&D intensity: a re-examination [J]. NBER Working Paper No.2205, 1987.

[164] COHEN W M, LEVINTHAL D A.Innovation and learning: the two faces of R & D [J]. The Economic Journal, 1989, 99 (397): 569-596.

[165] COHEN W M, LEVINTHAL D A. Absorptive capacity: A new perspective on learning and innovation [J]. Administrative Science Quarterly, 1990: 128-152.

[166] COLDRICK, SIMON, et al. An R&D Options Selection Model for Investment Decisions [J]. Technovation (2005) 25, no.3: 185 – 93.

[167] COOMBS R, TOMLINSON M. Patterns in UK company innovation styles: new evidence from the CBI innovation trends survey [J]. Technological Analysis & Strategic Management, 1998, 10 (3): 295-310.

[168] CORNELL UNIVERSITY, INSEAD, AND WORLD INTELLECTUAL PROPERTY ORGANIZATION (WIPO). The Global Innovation Index 2015: Effective Innovation Policies for Development [EB/OL]. [2020-02-05]. http: //www. globalinnovationindex. org/content. aspx? page= GII-Home, 2015-02-05.

[169] CRÉPON, BRUNO, DUGUET.Estimating the innovation function from patent numbers: gmm on count panel data [J]. Journal of Applied Econometrics, 1997 (12): 243-263.

[170] CUNEO, PHILIPPE, MAIRESSE.Productivity and R&D at the firm level in french manufacturing [M]. Chicago: Chicago University Press.1984.

[171] EATON J, KORTUM S. International technology diffusion: theory and measurement [J]. International Economic Review, 1999, 40 (3): 537-570.

[172] FÄRE R, GROSSKOPF S, NORRIS M. Productivity growth, technical progress, and efficiency change in industrialized countries: reply [J]. The American Economic Review, 1997, 87 (5): 1040-1044.

[173] GOLDSMITH, A Perpetual inventory of national wealth [J]. Studies in Income and Wealth, 1951 (14): 5-61.

[174] GOTO, AKIRA, SUZUK.R&D capital, rate of return on R&D investment and spillover of R&D in japanese manufacturing industries [J]. Review of Economics and Statistics, 1989 (71): 555-564.

[175] GRIFFITH R, HARRISON R.Understanding the U.K.'s poor technological performance [J]. IFS Briefing Note, 2003 (37).

[176] GRILICHES Z. Research expenditures, education and the aggregate production function [J]. American Economic Review, 1964, 54 (6): 961-974.

[177] GRILICHES Z. Issues in assessing the contribution of research and development to productivity growth [J]. Bell Journal of Economics, 1979, 10 (1): 92-116.

[178] GRILICHES Z.R&D and productivity slowdown [J]. American Economic Review, 1980a, vol.70, Jan., PP: 343-348.

[179] GRILICHES Z.Returns to research and development expenditures in the private sector [M] // KENDRICK, JOHN W, BEATRICE N. New Developments in Productivity Measurement and Analysis. 1980b Vol. 44 of Studies in Income and Wealth.Chicago: Chicago University Press.

[180] GRILICHES Z, MAIRESSE. R&D and productivity growth: comparing japanese and U. S. manufacturing firms [M] // HULTEN. Productivity Growth in Japan and the United States. 1984, vol. 53 of Studies in Income and Wealth.Chicago: Chicago University Press.

[181] GRILICHES Z. LICHTENBERG F. Inter-industry technology flows and productivity growth: a reexamination [J]. Review of Economics Studies, 1984 (86): 324-329.

[182] GRILICHES Z.Productivity, R&D and basic research at the firm level in the 1970s [J]. American Economic Review, 1986 (76): 141-154.

[183] GRILICHES Z.Patent statistics as economic indicators: a survey [J]. Journal of Economic Literature, 1990, 28: 1661-1707.

[184] GRILICHES Z.The search for R&D spillovers scandinavian [J]. Journal of Economics, 1992 (94) 29-47.

[185] GRILICHES Z. MAIRESSE J. Production functions: the search for identification [R]. National Bureau of Economic Research, 1995.

[186] GRILICHES Z. R&D and Productivity [M]. Chicago: University of

Chicago Press, 1998.

[187] GROSSMAN G, HELPMAN Y E. Innovation and growth in the global economy [M]. Cambridge : MIT Press, 1991.

[188] GROSSMAN G, HELPMAN E. Endogenous innovation in the theory of growth [J]. Journal of Economic Perspectives, 1994, 8 (1): 23-44.

[189] HALL, BRONWYN H, MAIRESS E. Exploring the relationship between R&D and productivity in french manufacturing firms [J]. Journal of Econometrics, 1995 (65): 263-293.

[190] HALL R E, JONES C I. Why do some countries produce so much more output per worker than others? [R]. National Bureau of Economic Research, 1999.

[191] HANSEN B E. Tests for parameter instability in regressions with i (1) processes [J]. Journal of Business & Economic Statistics, 1992 (3): 321-335.

[192] HANSEN B E. Inference when a nuisance parameter is not identified under the null hypothesis [J]. Econometrica, 1996, 64 (2): 413-430.

[193] HANSEN B E. Threshold effects in non-dynamic panels: estimation, testing, and inference [J]. Journal of econometrics, 1999, 93 (2): 345-368.

[194] HANSEN B E. The grid bootstrap and the autoregressive model [J]. Review of Economics and Statistics, 1999, 81 (4): 594-607.

[195] HANSEN B E. Testing for structural change in conditional models [J]. Journal of Econometrics, 2000 (1): 93-115.

[196] HANSEN B E. Sample splitting and threshold estimation [J]. Econometrica, 2000 (3): 575-603.

[197] HASAN I, TUCCI C L. The innovation economic growth nexus: global evidence [J]. Research Policy, 2010, 39 (10): 1264-1276.

[198] HIGGINS B. Regional economic development: essays in honor of franciois prerroux [M]. Boston: Unwin Hyman, 1998.

[199] HU, ALBERT, JEFFERSON, et al. R&D and technology transfer: firm-level evidence from chinese industry [J]. Review of Economics and Statistics, 2005 (87): 780-786.

[200] IORWETH A. Canadas' low business R&D intensity: the role of industry composition [J]. Working Paper-Department of Finance Canada, 2005

(03).

[201] JAFFE, ADAM B.Demand and supply influences in R&D intensity and productivity growth [J]. The Review of Economics and Statistics, 1988 (70).

[202] JAFFE A B. Real effects of academic research [J]. The American Economic Review, 1989 (5): 957-970.

[203] JAFFE, SIDNEY A. A price index for deflation of academic R&D expenditure [M]. Washington, D.C.The National Science Foundation (NSF), 1972: 72-310.

[204] JAUMOTTE F, PAIN N.Innovation in the business sector [J]. OECD Economics Department Working Papers.2005a, NO.459.

[205] JAUMOTTE F, PAIN N.From ideas to development: the determinants of R&D and patenting [J]. OECD Economics Department Working Paper .2005b, NO.457.

[206] JENSEN E J.Research expenditures and the discovery of new drugs [J]. The Journal of Industrial Economics, 1987: 83-95.

[207] KRUGMAN P. The myth of Asia's miracle [J]. FOREIGN AFFAIRS-NEW YORK, 1994, 73: 62-62.

[208] KOKKO A.Technology, market characteristics, and spillovers [J]. Journal of Development Economics, 1994, 43 (2): 279-293.

[209] KOOP G, OSIEWALSKI J, STEEL M F J.Modeling the sources of output growth in a panel of countries [J]. Journal of Business & Economic Statistics, 2000, 18 (3): 284-299.

[210] KUZNETS S. National income and industrial structure [J]. Econometrica: Journal of the Econometric Society, 1949: 205-241.

[211] MINGYONG, LAI, PENG SHUIJUN, BAO QUN.Technology spillovers, absorptive capacity and economic growth [J]. China Economic Review, 2006 (17) 17: 300-320.

[212] LANG, GUENTER.Measuring the Returns of R&D—an empirical study of the german manufacturing sector over 45 years [J]. Research Policy (2009) 38, no.9: 1438- 45.

[213] LICHTENBERG F R. R&D investment and international productivity differences [R]. National Bureau of Economic Research, 1992.

[214] LIU J S, LU W M.DEA and ranking with the network-based approach: a case of R&D performance [J]. Omega, 2010, 38 (6): 453-464.

［215］LOEB P D, LIN V. Research and development in the pharmaceutical industry-a specification error approach ［J］. The Journal of Industrial Economics, 1977: 45-51.

［216］KOOP G, OSIEWALSKI J, STEEL M F J.A stochastic frontier analysis of output level and growth in Poland and western economies ［J］. Economics of Planning, 2000, 33 (3): 185-202.

［217］LUCAS R E.On the mechanics of economic development ［J］. Journal of Monetary Economics, 1988, 22 (1): 3-42.

［218］MANSFIELD E. Technical change and the rate of imitation ［J］. Econometrica: Journal of the Econometric Society, 1961: 741-766.

［219］MANSFIELD E, SCHWARTZ M, WAGNER S. Imitation costs and patents: an empirical study ［J］. The Economic Journal, 1981, 91 (364): 907-918.

［220］MANSFIELD E.R&D and innovation: some empirical findings in "R&D, patents, and productivity" ［M］. University of Chicago Press, 1984: 127-154.

［221］MEEUSEN W, VAN DEN BROECK J.Efficiency estimation from cobb-douglas production functions with composed error ［J］. International economic review, 1977: 435-444.

［222］MOHNEN P A.The relationship between R&D and productivity growth in canada and other major industrialized countries ［M］. Ontario: Economic Council of Canada, 1992.

［223］NADIRI M I. Innovations and technological spillovers ［R］. National Bureau of Economic Research, 1993.

［224］NELSON R R, PHELPS E S. Investment in humans, technological diffusion, and economic growth ［J］. The American economic review, 1966, 56 (1/2): 69-75.

［225］NELSON R R.The simple economics of basic scientific research ［J］. Science bought and sold: Essays in the economics of science, 2002: 151-64.

［226］PAKES, ARIEL, SCHANKERMAN. The rate of obsolescence of knowledge, research gestation lags and the private rate of return to research resources ［M］// Griliches, Zvi (ed.), R&D, Patents and Productivity.Chicago: University of Chicago Press, 1984.

［227］PERKINS D H. Reforming china's economic system ［J］. Journal of

Economic Literature, 1988, 26 (2): 601-645.

[228] PESSOA A.Ideas driven growth: the OECD evidence [J]. Portuguese Economic Journal, 2005, 4 (1): 46-67.

[229] POTER M E, STERN S.Measuring the "ideas" production function: evidence from international patent output [R], NBER Working Paper No.7891, 2000.

[230] ROMER P M.Increasing returns and long-run growth [J]. The Journal of Political Economy, 1986: 1002-1037.

[231] ROMER P M.Endogenous technological change [R]. National Bureau of Economic Research, 1989.

[232] ROMER P M.The origins of endogenous growth [J]. The Journal of Economic Perspectives, 1994, 8 (1): 3-22.

[233] ROSENBERG N.Uncertainty and technological change [J]. Dale Neef, Anthony Siesfeld,Jacquelyn Cefola, The Economic Impact of Knowledge, Boston, Butterworth Heinemann, 1998: 17-34.

[234] SALTER A J, MARTIN B R.The economic benefits of publicly funded basic research: a critical Review [J]. Research Policy, 2001, 30 (3): 509-532.

[235] SCHERER F M.Market structure and the employment of scientists and engineers [J]. The American Economic Review, 1967, 57 (3): 524-531.

[236] SCHMOOKLER J.Invention and Economic Growth [M]. Cambridge : Harvard University Press, 1966.

[237] SHARMA S, THOMAS V.Inter-country R&D efficiency analysis: An application of data envelopment analysis [J]. Scientometrics, 2008, 76 (3): 483-501.

[238] TONG H.On a threshold model [M]. Sijthoff & Noordhoff, 1978.

[239] TRAJTENBERG M.A penny for your quotes: patent citations and the value of innovations [J]. The Rand Journal of Economics, 1990: 172-187.

[240] UNIVERSITÉ DU QUÉBEC À MONTRÉAL. CENTRE DE RECHERCHE SUR LES POLITIQUES ÉCONOMIQUES, UNIVERSITÉ DU QUÉBEC À MONTRÉAL. PROGRAMME DE RECHERCHE EN ÉCONOMIE INDUSTRIELLE.New technologies and inter-industry spillovers [M]. Montréal: CERPE, Université du Québec à Montréal, 1989.

［241］ WANG Y, YAO Y. Sources of china's economic growth, 1952-99: incorporating human capital accumulation ［J］. World Bank Working Paper.2001.

［242］ WOLFF E N, NADIRI M I. Spillover effects, linkage structure, and research and development ［J］. Structural Change and Economic Dynamics, 1993, 4 (2): 315-331.

［243］ WORLD INTELLECTUAL PROPERTY ORGANIZATION (WIPO). World intellectual property indicators-2014 edition ［EB／OL］. http://www. wipo.int/ipstats/en/wipi/index.html, 2015-02-05.

［244］ YOUNG A. Learning by doing and the dynamic effects of international trade ［R］. National Bureau of Economic Research, 1991.

［245］ YOUNG A. A Tale of two cities: factor accumulation and technical change in Hong Kong and singapore ［M］//NBER Macroeconomics Annual 1992, Volume 7.MIT press, 1992: 13-64.

［246］ YOUNG A. Invention and bounded learning by doing ［R］. National Bureau of Economic Research, 1991.

［247］ YOUNG A. Gold into base metals: productivity growth in the people's republic of china during the reform period ［R］. National Bureau of Economic Research, 2000.

［248］ ZHANG A, ZHANG Y, ZHAO R. A study of the R&D efficiency and productivity of Chinese firms ［J］. Journal of Comparative Economics, 2003, 31 (3): 444-464.

索　引